Ravensburger Freizeit-Taschenbücher Band 4

W0383272

Emmanuel Cooper

# Töpfern

## Kunsthandwerk und Hobby

Otto Maier Verlag
Ravensburg

Die englische Originalausgabe
erschien unter dem Titel „Pottery“
bei Macdonald Educational Ltd.
© 1976 Macdonald Educational Ltd.
Aus dem Englischen übertragen
von Rudolf Hermstein
© 1979 der deutschsprachigen
Textfassung
Otto Maier Verlag Ravensburg
Gesamtherstellung: Appl, Wemding
Printed in Germany

84 9 8 7

ISBN 3-473-43004-8

# Inhaltsverzeichnis

# Ton als Werkstoff

Von allen natürlichen Rohstoffen ist der Ton einer der ältesten und nützlichsten. Die meisten von uns kennen den Lehm, der nach einem Spaziergang auf dem Lande an den Schuhsohlen klebt, und Lehm ist nichts anderes als stark mit Sand und Kalk verunreinigter Ton. Wer einen Garten bearbeitet, lernt die Eigenschaften dieses zähen, elastischen Stoffes beim Umgraben kennen. Auch unsere prähistorischen Vorfahren kannten bereits den Ton; sie fanden ihn an Flußufern oder anderen natürlichen Lagerstellen. Und als sie ihn kneteten, stellten sie fest, daß er viele wunderbare Eigenschaften besaß.

Vor allen Dingen läßt er sich, solange er weich ist, formen und modellieren, ohne zu reißen oder zu brechen. Die Bildsamkeit oder Plastizität des Tons beruht auf der Plättchenform der Tonteilchen und ihrer Fähigkeit, sich mit einer Wasserschicht zu umgeben, wodurch sie übereinander-

*Ziegelherstellung im alten Ägypten. In der unteren Reihe wird der Ton gemischt und in Behälter getan, bevor Ziegel daraus geformt werden.*

gleiten können, ohne zu zerbrechen.
Wenn Ton trocknet, wird er hart und behält seine Form: Er läßt sich dann nur mit erheblichem Kraftaufwand zerbrechen. Unter Wassereinwirkung wird trockener Ton jedoch wieder weich und geschmeidig.

## Die Herstellung von Ziegelsteinen

Seit Jahrtausenden wird gewöhnlicher Ton zur Herstellung von Geräten und Gefäßen sowie von Behältern für Getreide und andere Vorräte verwendet. Und er diente und dient immer noch zur Herstellung von Ziegelsteinen.
Als nomadisierende Jäger vor neun Jahrtausenden allmählich an Flußufern seßhaft wurden, bauten sie sich Häuser aus Lehmziegeln, luftgetrockneten Steinen, die aus Schichten natürlicher Tonerde herausgeschnitten wurden. Später wurden die Ziegelsteine mit Hilfe rechteckiger Holzformen angefertigt, und noch später brannte man sie dann im Brennofen, um ihnen Festigkeit zu verleihen.
Heute ist die keramische Industrie ein bedeutender Wirtschaftszweig; in großen Fabriken wird neben Ziegeln auch Gebrauchsgeschirr verschiedenster Art hergestellt. Für den Töpfer ist Ton jedoch immer noch ein natürlicher, einfacher Werkstoff, der sich beliebig verarbeiten und formen läßt.

## Was ist Ton?

Ton ist durch natürliches Abtragen und Verwittern von Eruptivgestein entstanden. Die Gesteinsteilchen wurden immer kleiner und durch physikalische und chemische Prozesse im Laufe von Jahrmillionen zu Ton umgewandelt. Tonvorkommen sind fast überall dicht unter der Erdoberfläche anzutreffen, doch nicht jeder Ton eignet sich zum Töpfern.
Tonvorkommen, deren Ausbeutung im Tagebau rentabel ist, sind relativ selten, und guter bildsamer Ton ist ein geschätzter Werkstoff. Nach solchen Lagerstätten haben unsere Vorfahren eifrigst gesucht, und sie gingen oft meilenweit, um sich den benötigten Ton zu beschaffen. Selbst heute noch fahren in Nordamerika indianische Töpfer kilometerweit für ihren Ton.
Man unterscheidet grundsätzlich zwei verschiedene Arten von Ton; primäre und sekundäre Tone. Primärton findet sich in unmittelbarer Nähe des Muttergesteins; er ist gewöhnlich von reiner Zusammensetzung, weiß und wenig plastisch. Beispiele hierfür sind die Porzellanerdevorkommen im englischen Cornwall, in den US-Staaten Alabama, Georgia und South Carolina sowie in Meißen in der DDR und in der Gegend von Limoges in Frankreich.
Bei dem Ton, der den meisten von uns vertraut ist, handelt es sich um Sekundärton, der im Laufe der Zeit von seiner Entste-

hungsstelle vertragen und woanders abgelagert wurde. Sekundärtone haben verschiedene Farben, die von Rot, Gelb und Grau bis Schwarz reichen. Im Gegensatz zum Primärton sind sie meist sehr plastisch. Sekundärtone sind fast überall wenige Meter unter der Erde zu finden, doch sind die Vorkommen nicht immer sehr ergiebig. Diese Tone sind als Töpferton im Handel.

## Arbeiten mit Ton

Aus weichem, plastischem Ton lassen sich mit verschiedenen Techniken die vielfältigsten Gegenstände und Gefäße formen. Aus einer kleinen Tonkugel kann man mit den Fingern ein rundes Schälchen formen. Große Gefäße lassen sich aus ring- oder spiralförmig übereinandergelegten Tonwülsten aufbauen, die angedrückt und miteinander verstrichen werden. Nach dieser Methode haben die Töpfer der Glockenbecherkultur vor über 4000 Jahren gearbeitet, und sie wird immer noch in vielen Teilen der Welt angewandt, vor allem in Afrika, wo manche Stämme mit dieser Technik Wasserkrüge und Kochtöpfe anfertigen.

Aus flachen Tonplatten kann man Gefäße mit dünnen Wänden und rechtwinkligen Kanten herstellen – eine Technik, die seit Jahrtausenden in Teilen des Vorderen Orients angewandt wird. Die Platten werden flachgedrückt, ausgerollt oder von einem Tonblock abgeschnitten und zu einem Gefäß zusammengesetzt.

Ein zeitsparendes Verfahren zur Anfertigung von Gefäßen, das bis in die Antike zurückgeht, bedient sich verschiedener Preßformen. Hierbei wird eine Hohlform, beispielsweise eine Kokosnußschale oder ein altes Gefäß, mit Ton ausgekleidet, oder man drückt Ton auf eine gewölbte Form, zum Beispiel einen Stein, um ein Gefäß entstehen zu lassen.

Das Drehen auf der Töpferscheibe ist die höchstentwickelte Technik, und es ist faszinierend anzusehen, mit welcher Leichtigkeit ein Töpfer aus einem Tonklumpen ein hohes, schlankes Gefäß dreht. In Wirklichkeit ist dazu jedoch langes, geduldiges Üben erforderlich.

## Die ersten Tongefäße

Es ist mehr als wahrscheinlich, daß die Menschen Ton schon für

andere Zwecke verwendeten, lange bevor sie Gefäße daraus formten. Sie benutzten gefärbte Tone als Pigmente für Höhlenmalereien, und sie bauten sich Hütten aus Lehm. Sie formten auch kleine Votivfiguren aus Ton, die bei religiösen Zeremonien eine Rolle spielten. Als die Stämme seßhafter wurden und damit der Bedarf an Vorratsgefäßen zunahm, wurde Ton mehr und mehr

*Nigerianische Dorfbewohnerinnen mit Tongefäßen auf den Schultern. Aus Ton werden nicht nur diese Wasserkrüge gemacht, sondern auch die großen Getreidespeicher im Hintergrund.*

auch zur Gefäßherstellung verwendet.
Die ältesten erhaltenen Tongefäße stammen aus Anatolien. Es handelt sich um handgeformte Schalen und Flaschen, die nach dem Brennen mit eindrucksvollen geometrischen Mustern bemalt wurden. Diese Gefäße stammen aus der Zeit um 6000 v. Chr. und zeugen von hoher Kunstfertigkeit, was den Schluß zuläßt, daß die Töpferei damals schon eine lange Tradition hatte, obwohl über frühere Arbeiten nichts bekannt ist.
Moderne archäologische Verfahren wie die Radiokarbonmethode erlauben genaue Altersbestimmungen, und nach neuesten Forschungsergebnissen gehen die Daten immer weiter in die Vergangenheit zurück. Tongefäße erweisen sich hier als sehr wertvoll, weil sie im allgemeinen über Jahrtausende hinweg erhalten bleiben (falls sie nicht zerbrechen). Heute stellen sie deshalb eine reiche Informationsquelle nicht nur für den Töpfer, sondern auch für den Archäologen und Soziologen dar.

*Die ältesten uns bekannten Tongefäße entstanden um 6000 v. Chr. in Catal Hüyük in Anatolien. Sie tragen meist geometrische Muster in roter Farbe auf cremefarbenem Schlickerüberzug. Überzug und Dekor wurden oft poliert.*

*Nach verschiedenen Verfahren hergestellte Tongefäße. Der große Blumentopf ist aus Wülsten aufgebaut. Die kleine Dose mit dem diagonalen Schlickerdekor und das flache Schälchen sind ausgeformt, und das runde Schälchen ist handgeformt. Die rechteckige Dose ist aus Platten aufgebaut, und die flaschenförmige Dose wurde auf der Töpferscheibe gedreht.*

**Wie ein Tongefäß entsteht**

***1.*** *Die meisten Töpfer kaufen gebrauchsfertigen Ton; nur wenige bereiten ihn selbst auf. Man kauft den Ton als feuchte, plastische Masse, die aus einer Mischung verschiedener Tonarten mit anderen Stoffen, wie Sand, Schamotte oder Feldspat, besteht. Ehe der Ton verwendet wird, muß er geschlagen und geknetet werden, damit die Masse homogenisiert und von Lufteinschlüssen befreit wird.*

***2.*** *Ein Verfahren zur Anfertigung von Gefäßen besteht darin, daß man aus dem Ton Wülste formt, diese übereinanderlegt und verstreicht. Es gibt viele Verfahren des freien Aufbaus von Gefäßen, und fast alle arbeiten mit plastischem Ton.*

***3.*** *Die meisten Tone brauchen ein bis zwei Tage, um zu lederharter Beschaffenheit zu trocknen;*

*dann erst kann die Oberfläche des Gefäßes bearbeitet werden. Hier wird sie mit einem schräg über das Gefäß geführten Sägeblatt geglättet.*
***4.*** *Nun kann das Gefäß dekoriert werden. In diesem Fall wird mit einem Werkzeug ein Muster rings um den Hals eingeritzt. Andere Dekorationsverfahren sind Relieftechnik und Bemalen.*
***5.*** *Wenn das Gefäß vollständig getrocknet ist, was je nach Dicke des Tons ein bis zwei Wochen dauern kann, wird es geschrüht, wodurch der Ton zum harten, porösen Scherben wird. Der Schrühbrand erfolgt bei einer*

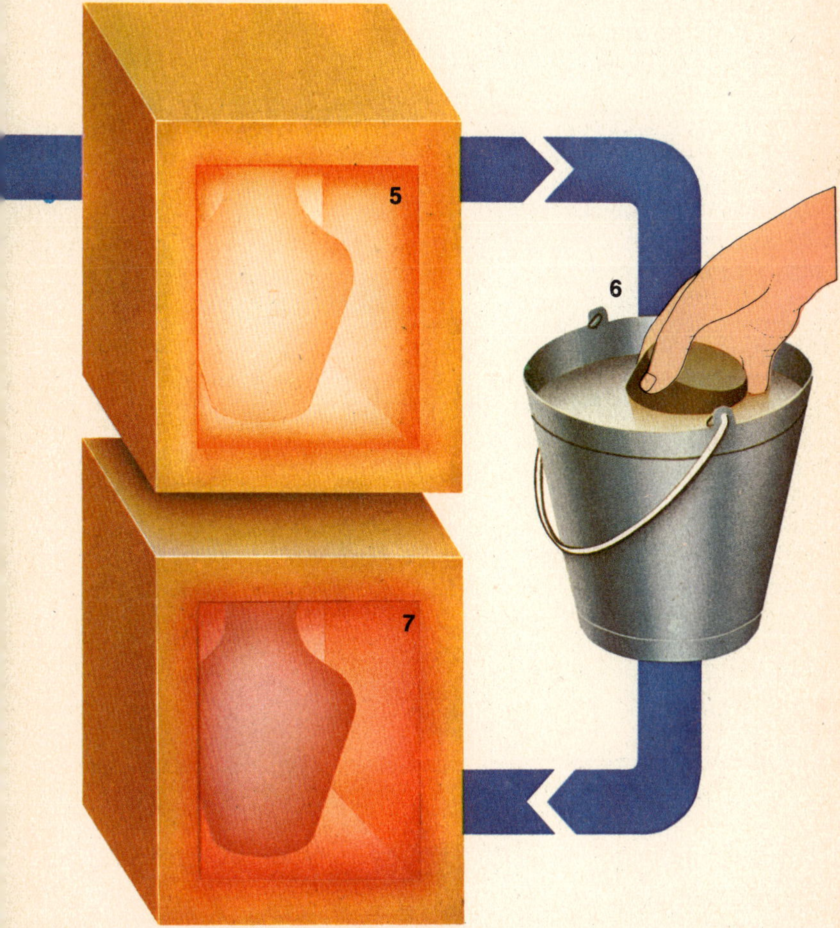

*Temperatur von 980°C.*
***6.** Nach dem Schrühbrand wird das Gefäß mit Glasur überzogen. Das ist eine flüssige Mischung sorgfältig ausgewählter Stoffe, die im Brennofen schmelzen und eine glasartige Oberfläche bilden. Die Glasur wird hier durch Tauchen aufgetragen; andere Verfahren sind Begießen, Spritzen oder Pinseln. Die Glasur kann matt oder glänzend sein, glatt oder rauh, transparent oder farbig.*
***7.** Das Gefäß kommt zum zweitenmal in den Brennofen, zum Glasurbrand. Dieser findet bei höherer Temperatur statt als der Schrühbrand, läßt die Glasur schmelzen, verringert die Porosität des Scherbens und macht ihn widerstandsfähiger. Die Schwindung vom Formen bis zum fertig glasierten Zustand beträgt etwa 8%. Die Temperatur des Glasurbrands liegt für Irdenware (Töpferware) bei 1040–1150°C, für Steinzeug bei 1200–1260°C.*

# Die Entwicklung der Formen

Die Form von Tongefäßen hängt weitgehend von der Art der Herstellung und dem verwendeten Werkstoff ab. Ein Gefäß, das in der Hand geformt wurde, wird rund und relativ klein sein und meist unregelmäßige Wandungen aufweisen. In Wulsttechnik hergestellte Gefäße wachsen langsam, und es sind ausgeprägte Richtungsänderungen der Form möglich; diese Gefäße sind meist gerundet. Durch die Erfindung der Töpferscheibe und ihre Weiterentwicklung zu einer Maschine, auf der man Gefäße in kurzer Zeit drehen konnte, traten zahlreiche Veränderungen in der Töpferei ein, in der Arbeitstechnik wie auch in der Form der fertigen Töpferwaren.

Die Erfindung und Vervollkommnung der Töpferscheibe zog sich über einen großen Zeitraum hin. Wenn man Gefäße mit der Hand aufbaute und sie auf einem Stein oder einem Bruchstück eines Tongefäßes drehte, hatte man im Grunde schon eine Art Töpferscheibe, aber von der Töpferscheibe im eigentlichen Sinne kann man erst von da an sprechen, als der Scheibenkopf auf einer Spindel gelagert wurde. Diese ersten Töpferscheiben wurden vom Töpfer oder einem Gehilfen mit der Hand in Bewegung gesetzt. Solche Töpferscheiben kamen vor etwa fünf Jahrtausenden im Nahen Osten auf.

Bevor der Ton auf der Töpferscheibe gedreht wird, muß er sorgfältig von beigemengten Steinchen befreit werden, und manche Tonarten eignen sich überhaupt nicht für das Drehen auf der Töpferscheibe. Die Töpferscheibe beeinflußte auch die Formgebung, weil bei diesem Verfahren alle Gefäße rund und symmetrisch werden. Auch die

*Der Töpfer, der hier an der traditionellen indischen Töpferscheibe hockt, fertigt zahlreiche Becher von gleicher Form an, ganz ähnlich, wie es seine Vorfahren taten.*

Winkel der Wandungen verändern sich; stark eingebuchtete Formen sind schwer zu drehen, während weiche, fließende Kurven sich wie von selbst anbieten.
Durch die Einführung der Töpferscheibe änderte sich auch die Organisation des Töpferhandwerks. Da nun umfangreichere technische Kenntnisse und handwerkliche Fertigkeiten erforderlich waren, entwickelte sich das Töpferhandwerk zu einem Industriezweig, dessen Betriebe sich überall dort ansiedelten, wo günstige Arbeitsbedingungen und Absatzaussichten bestanden.
In verschiedenen Teilen der Welt wurden unterschiedliche Töpferscheiben entwickelt. In Italien wurde die Spindel mit einer Kurbel versehen, in Frankreich arbeitete man mit einem schweren Schwungrad, das mit dem Fuß betätigt wurde.

## Japan

In Japan wurde die Scheibe mit einem Stock in Drehung versetzt; man verwendete weicheren Ton, und die Formen gerieten dadurch oft etwas ungleichmäßig. Da Tongefäße zur japanischen Teezeremonie gehörten und mit dem Zen-Buddhismus in Verbindung gebracht wurden, der großen Wert auf „natürliche“ Stoffe und Verfahren legte, schadete das jedoch nichts. Was uns auf den ersten Blick als unausgereift erscheint, ist deshalb in den Augen des Japaners kunstvoll, sinnlich und schön.

## Das alte Griechenland

Griechische Tongefäße gehören zu den schönsten erhaltenen Beispielen gedrehter Tonwaren aus der Antike. Im alten Griechenland arbeiteten die Töpfer in kleinen Werkstätten, in denen sie die verschiedensten Gebrauchsgegenstände sowie die berühmten schwarz- und rotfigurigen Vasen herstellten.
Vorkommen feinster gelber und roter Tone bei Korinth und Athen, den beiden Zentren griechischer Töpferkunst, boten die Gewähr dafür, daß stets genügend zum Drehen auf der Scheibe geeigneter, fester Ton zur Verfügung stand, aus dem sich die dünnwandigen griechischen Gefäße anfertigen ließen. Diese hatten meist die für bestimmte Verwendungsarten durch die Tradition vorgeschriebene Form. Komplizierte Formen wurden in Teilen gedreht, die anschließend im lederharten Zustand zusammengefügt wurden, und die endgültige Form entstand dadurch, daß man das Gefäß wieder auf die Töpferscheibe brachte und die Oberfläche mit einem scharfen Instrument bearbeitete.
Die Dekoration war Sache von Malern, die auf den besten Stükken ihre Signatur neben die des Töpfers setzten. Die roten und schwarzen Bilder wurden mit einem besonderen Schlicker aus feinem rotem Ton gemalt. Das Gelingen des Werkes hing von der genauen Einhaltung der Temperatur im Brennofen ab.

*Eine schwarzfigurige griechische Amphore (Achill erschlägt die Amazonenkönigin Penthesilea), 540–530 v. Chr.*

*Diese Abbildung ist einem Buch über Kunst und Handwerk der Töpferei entnommen, das der italienische Töpfer Cipriano Piccolpasso im 16. Jahrhundert schrieb und illustrierte. Sie zeigt einen Töpfer beim Abdrehen des lederharten Gefäßes auf der Scheibe.*

# Brennöfen und Brennprozeß

Das Feuer war eine der wichtigsten Entdeckungen der Menschen. Später fanden sie dann auch heraus, daß durch Hitzeeinwirkung Tongefäße wasserdicht gemacht werden konnten. Vielleicht kamen sie durch die Lehmauskleidung von Vogelnestern darauf, die zum Transport glühender Holzkohlen verwendet wurden. Denkbar wäre auch, daß Lehm zum Auskleiden einer in die Erde versenkten Feuerstelle diente, wobei ebenfalls eine Vorform eines gebrannten Tongefäßes hätte entstehen können. Man nimmt an, daß die ersten Entdekkungen hinsichtlich der Auswirkung von Hitze auf Lehm vor zehn bis zwölf Jahrtausenden gemacht wurden.

### Irreversible Veränderungen

Wenn Ton erhitzt wird, erfährt er Veränderungen, die von einem bestimmten Punkt an nicht mehr rückgängig zu machen sind. Auf 100 °C erhitzter Ton ist physikalisch völlig trocken, kann aber noch in Wasser gelegt und wieder verwendet werden. Wird er weiter auf 600–700 °C erhitzt (er nimmt dann eine sehr matte rote Färbung an), sind in der chemischen Struktur des Tons bereits irreversible Veränderungen vor sich gegangen. Das Material ist in diesem Zustand weich, bröckelig und porös, zerfällt aber in Wasser nicht und ist auch nicht mehr plastisch.

Wird die Hitze auf 900–1000 °C gesteigert, treten weitere Veränderungen ein. Die Tonteilchen beginnen zu sintern (zusammenzubacken) und werden fester. Alle kohlenstoffhaltigen Substanzen, wie etwa Pflanzenreste, werden ausgebrannt, so daß der Ton hell und rein ist und eine ganz andere Farbe haben kann. Zum Beispiel haben gewöhnliche Blumentöpfe aus rotem Ton dann eine helle Terrakotta-Färbung und sind widerstandsfähig und porös. Viele schwarze Tone sind nach dem Brennen elfenbeinfarben, weil die kohlenstoffhaltigen Reste organischer Stoffe ausgebrannt wurden.

Beim traditionellen Brennen von Töpferware in primitiven Gesellschaften, etwa bei nigerianischen Stämmen, wird oft eine Temperatur von etwa 800 °C erreicht. Viele einheimische Tonarten, die nach dem Brennen rot sind, werden bei dieser Temperatur gehärtet und verglast.

### Die ersten Brennöfen

Die ersten Brennöfen wurden im Vorderen Orient gebaut. Man stellte über einen Feuerraum einen Rost aus gebranntem Ton und darauf die ungebrannte Ware. Darüber kam eine Schicht ausgedienter gebrannter Tongefäße oder grasbewachsener Erdklumpen mit einem Abzugsloch an der Spitze, so daß eine Brennkammer entstand. Die Wärme staute sich in der Brennkammer, und man erzielte höhere Brenntemperaturen als mit einer offenen Feuerstelle. Dies war der erste Brennofen mit Abzug nach oben.

Nach und nach wurden die Brennöfen dauerhaftere Konstruktionen, und das Brenngut wurde vor den Flammen geschützt, so daß man Dekorationen und Glasuren verwenden konnte, die durch Berührung mit Feuer und Rauch verdorben worden wären. Auch konnte man bei diesen Öfen das Feuer besser regeln und damit die Brenntemperatur überwachen. Die typischen Brennöfen der alten Römer hatten einen runden Grundriß und eine durchlöcherte Plattform, die auf einer Mittelstütze erhöht angebracht war. Der Brennstoff wurde in der Kammer unter der Plattform verbrannt, auf die das Brenngut gesetzt wurde; das Feuerholz wurde durch einen geraden Tunnel in den Ofen geschoben, wodurch auch die Luftzufuhr reguliert werden konnte. Solche Brennöfen wurden im Vorderen Orient und im Westen noch jahrhundertelang benutzt.

## Der Ferne Osten

Die chinesischen Töpfer bauten sich andere Brennöfen. Anstatt auf ebener Erde legten sie sie an aufsteigenden Hängen an. Der

*Dieser fernöstliche Brennofen steht an einem Hang. Um eine gleichmäßige Verteilung der benötigten hohen Temperaturen zu erreichen, wurde der Ofen an den Seiten zusätzlich geschürt, und jede Kammer wurde für sich befeuert.*

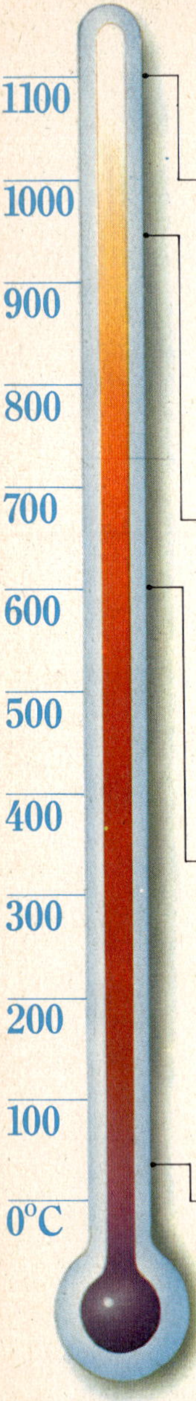


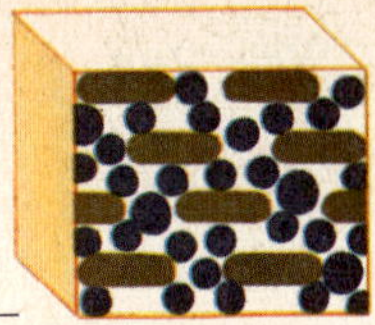

*Über 1100° C beginnt der Ton zu verglasen. Die Teilchen schrumpfen und verbinden sich zu einem harten, nichtporösen Stoff.*

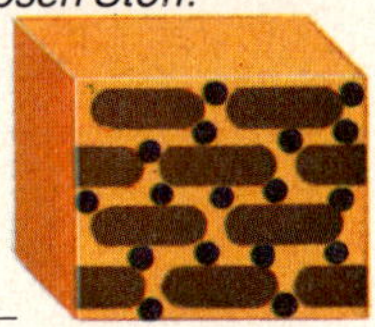

*Bei 1000° C hat sich der Ton in einen harten, porösen Scherben verwandelt, der schon zu sintern beginnt.*

*Beim Erhitzen des Tons treten irreversible Veränderungen ein. Bei 600° C ist das Wasser entwichen, das Material ist stark porös geworden.*

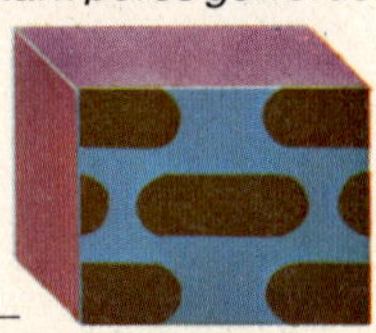

*Plastischer Ton enthält etwa 25–30% Wasser. Beim Trocknen verdunstet es, und der Ton schwindet leicht.*

***Brennen auf offener Feuerstelle in Nigeria***

*Die aus einheimischem Ton hergestellten Töpferwaren müssen vor dem Brennen ganz austrocknen, weil sie sonst durch den raschen Wärmeanstieg springen. Gelegentlich wird in den Gefäßen vorher trockenes Gras verbrannt, um den Trocknungsprozeß zu unterstützen. Die Gefäße werden auf dürres Reisig gestapelt und so angeordnet, daß sie nicht herabfallen, wenn das Holz verbrennt. Trockenes Gras wird über das Brenngut gelegt und angezündet.*

*Das Brennen ist rasch vorbei, und die Gefäße werden noch heiß aus der Asche geholt.*

Feuerraum befand sich am unteren Ende, so daß die Kammer, in der das Brenngut untergebracht wurde, eher ein Teil des Kamins war. Eine Klappe an der Spitze des Ofens erlaubte es, das Entweichen der heißen Gase zu regulieren, und der Ofen speicherte die Wärme. Dieser „geneigte" Brennofen hatte den Vorteil, daß man damit höhere Temperaturen erreichte. Da der Wärmeverlust durch die Klappe und die Erdisolierung verringert wurde, erzielte man Temperaturen bis zu 1200 °C, vor allem in der Nähe des Feuerraums. Bei dieser Temperatur werden die meisten Tone hart und verglasen, man erhält also praktisch Steinzeug.

Später wurden diese Öfen weiterentwickelt und stufenförmig teils unter und teils über der Erde angelegt; manche wurden in mehrere Brennkammern unterteilt. An den Seiten des Ofens wurden kleine Regulierlöcher angebracht, so daß gleichmäßige Temperaturen erreicht wurden.

Diese Brennöfen erlangten im Fernen Osten weite Verbreitung, allerdings mit kleineren Abwandlungen der Bauweise von Gegend zu Gegend. Bis in die jüngere Vergangenheit waren sie leistungsfähiger und lieferten höhere Temperaturen als jeder im Westen gebräuchliche Ofen. In Europa arbeitete man noch bis ins 17. Jahrhundert mit Einkammer-Ziegelöfen, die wahrscheinlich eine Maximaltemperatur von 1000 °C hatten.

*Flaschenöfen waren typisch für die Industrielandschaft von Stoke-on-Trent im englischen „Pottery District". Da sie mit Kohle und Koks beheizt wurden, verschmutzten sie die Luft hochgradig. Heute sind die meisten dieser Öfen durch elektrische Tunnelöfen ersetzt.*

## Die industrielle Revolution

Die industrielle Revolution brachte große Fortschritte in Konstruktion und Bau von Brennöfen, und zu Beginn des 19. Jahrhunderts wurden in europäischen Fabriken Öfen verwendet, die den chinesischen ebenbürtig waren.

Die ersten erfolgreichen Versuche zur Porzellanherstellung in Europa im 18. Jahrhundert wurden zum Teil auch durch die Entwicklung eines Brennofens ermöglicht, der Temperaturen um 1300 °C erreichte. In Europa wurden feuerfeste Ziegel zum Bau des länglichen, flaschenförmigen Brennofens verwendet, und die Feuerkammer wurde aus gußeisernen Gitterstäben gebaut. Dadurch wurde die Wärmeleistung der Kohle erhöht, und der Koks speicherte die Wärme.
Flaschenöfen mit aufsteigender Flamme wurden in der Keramikindustrie verwendet, bis sie im Laufe der letzten 50 Jahre durch moderne elektrische oder mit Gas oder Öl beheizte Öfen abgelöst wurden. Flaschenöfen sind rund und haben mehrere Feuerkammern am Boden. Flammen und Rauch steigen rings um das Brenngut nach oben und entweichen durch den Schornstein an der Spitze des Ofens. Das Brenngut wird durch feuerfeste Gefäße, sogenannte Kapseln, vor dem Feuer geschützt.
Der Ofen mit überschlagender Flamme war der zweite wichtige Typ. Er war rund oder rechteckig und hatte Feuerkammern längs des Umfangs und Abzüge am Boden. Durch diese Anordnung erreichte man hohe und gleichmäßige Temperaturen.

## Farbenprächtige Irdenware

„Irdenware" ist eine Sammelbezeichnung für bei niedrigen Temperaturen gebrannte Töpferware; sie wird im allgemeinen aus terrakotta- bis cremefarbenem Ton hergestellt und ist leicht porös. Manche dieser Töpferwaren werden nur geglättet bzw. mit einem weichen Stein poliert, andere glasiert man.
Einige der schönsten Gefäße aus Irdenware stammen aus Ägypten. Der feine Nilschlamm lieferte einen glatten, rotbrennenden Ton, der sich sehr gut verarbeiten ließ. Die von Hand aufgebauten flachen Schalen und Schüsseln der Badari-Kultur erregen heute noch Bewunderung durch ihre handwerkliche und künstlerische Vollkommenheit.
Es wurden auch hohe, nach unten spitz zulaufende Gefäße hergestellt, die man als Vorratsgefäße für Wein und Öl in weichen, sandigen Boden stecken konnte. Die Oberfläche der Gefäße wurde im lederharten Zustand durch Reiben mit einem glatten Werkzeug aus Stein oder Bein poliert. Durch diese Behandlung wurde die Oberfläche nicht nur glatt und glänzend, sondern auch widerstandsfähiger. Typisch für diese Krüge sind auch die schwarzen Ränder, die dadurch entstanden, daß man die Waren verkehrt herum in Holzasche

*Diese Urne aus Irdenware hat einen spiralförmigen Dekor in Rot und Schwarz. Sie wurde zwischen 2000 und 1500 v. Chr. in China frei geformt.*

*Syrische Vase, aus weißem Ton gedreht, mit schwarzer arabischer Schrift unter leuchtend türkisfarbener Glasur bemalt. Spätes 12. Jahrhundert.*

brannte, um zu verhindern, daß der Rand mit dem Feuer in Berührung kam.

*Eine Auswahl zinnglasierter Tonware. Der Majolika-Krug (rechts) entstand 1550 in Holland. Die englische Schüssel und das holländische Apothekergefäß wurden im 17. Jahrhundert angefertigt.*

**Die ersten Glasuren**

Als Irdenware gebrannte Töpferware ist porös, läßt also Feuchtigkeit durch. Das Verfahren, die Tonoberfläche mit einer Glasschicht zu versehen, um sie wasserdicht zu machen, wurde zum erstenmal vor rund fünftausend Jahren im Vorderen Orient angewandt. Die ersten glasierten Gegenstände bestanden aus einem Gemisch von Sand, Soda und Kupferoxid, das sich mit Wasser vermengt zu Gegenständen wie Perlen und Amuletten formen ließ. Wenn die Gegenstände trockneten, wanderten die löslichen Salze des Gemenges an die Oberfläche und bildeten beim Brand eine halbmatte, satte Glasur, deren Farbe von Dunkelblau bis zu einem hellen Türkisblau reichte. Später wurden auch an-

dere Farben entdeckt, darunter Violett, Apfelgrün und Gelb.
Die Assyrer und Babylonier entdeckten als erste das Aufbringen von Glasuren auf gebrannten Ton – zunächst auf Ziegel, die dann als Bauornamente verwendet wurden, und später auch auf Tongefäße. Die Glasur hatte oft eine schöne türkisblaue Farbe, doch es dauerte viele Jahre, bis es gelang, eine Glasur von ausreichender Stärke aufzubringen.
Die römischen Töpfer lernten die Kunst des Glasierens von den Ägyptern und schufen grün glasierte Töpferwaren an verschiedenen Orten des Römischen Reiches, vor allem in Gallien (Frankreich) und Germanien (Deutschland). Anstelle von Soda oder Kaliumsalzen verwendeten sie für die Glasur Blei, das eine widerstandsfähigere und leichter aufzutragende Mischung ergab. Bleiglasur wurde in Europa noch bis in die Neuzeit verwendet, vor allem von Töpfern in ländlichen Gegenden.

## Schlickermalerei

In England wurden die Gefäße vor dem Glasieren mit Schlicker, verdünntem farbigem Ton, bemalt. Der Schlicker wurde auf den lederharten Ton gepinselt, gegossen oder mit einem Malhörnchen aufgetragen (ähnlich wie Zuckerguß auf eine Torte). In bestimmten Gegenden Englands wurden eigene Stilrichtungen entwickelt, die offensichtlich das Werk geübter Dekormaler waren. Diese Gefäße wurden im allgemeinen für alltäglichen Gebrauch im Haus oder auf dem Bauernhof hergestellt und meistens nur in der näheren Umgebung abgesetzt. Berühmt sind die Dekors der Familie Toft, vor allem die

*Diese Schüssel von Thomas Toft aus rotem Ton und mit roter, schwarzer und cremefarbener Schlickerbemalung zeigt eine Seejungfer. Sie ist bleiglasiert und entstand zwischen 1650 und 1700 in Staffordshire, England.*

*Ein Albarello (Apothekergefäß) aus Fayence mit Aufglasurmalerei. Diese Gefäße dienten zur Aufbewahrung von Arzneien und lagen dank ihrer in der Mitte etwas eingezogenen Form gut in der Hand. Italien, 15. Jahrhundert.*

prachtvollen großen Schalen, die meist zu festlichen Anlässen in mühevoller und langwieriger Arbeit geschaffen wurden.

**Zinnglasur**

Das weiße Porzellan, das im 9. und 10. Jahrhundert in den Vorderen Orient gelangte, war Gegenstand großer Bewunderung, und die Töpfer versuchten, es zu imitieren. Sie entdeckten, daß man durch Zusatz von Zinnasche (Zinnoxid) die transparente Glasur weiß und undurchsichtig machen konnte. Damit erzielte man nicht nur ein porzellanähnliches Aussehen, sondern auch eine Oberfläche, die sich gut zum Bemalen eignete. Tonwaren mit Zinnglasur wurden vom 13. Jahrhundert an zuerst in Spanien hergestellt. Von Spanien aus gelangte die Technik nach Italien, wo sie den Namen Majolika erhielt. Im übrigen Europa wurden diese Waren jedoch nach der italienischen Stadt Faenza als Fayencen bezeichnet. Die italienischen Töpfer führten das Verfahren mit der Zeit auch nach Frankreich, England und Holland (Delfter Fayencen) ein. Die Fayencen zeichneten sich durch reiche Bemalung und farbenprächtigen Dekor aus.

# Steinzeug und Salzglasur

Als Steinzeug bezeichnet man Keramik, die bei Temperaturen von über 1200 °C gebrannt wird, wodurch der Scherben verglast, also hart und dicht wird; man rechnet es zusammen mit dem Porzellan zur Sinterware. Für die Herstellung von Steinzeug braucht man geeigneten feuerfesten Ton sowie Brennöfen, in denen die erforderlichen hohen Temperaturen erreicht werden. Beides war in China schon vor über zwei Jahrtausenden verfügbar.
Glasuren für den Brand bei Steinzeug-Temperaturen wurden erst später entwickelt, vor allem deshalb, weil Steinzeug ohnehin dicht ist, eine Glasur also aus praktischen Gründen nicht benötigt wird. Chinesische Töpfer fanden heraus, daß das Steinzeug eine satte braune Färbung annahm, wenn das Feuer in einem bergansteigenden Brennofen mit leicht rauchender Flamme brannte.

*Die Glasureffekte, die sich durch spezielle Arten der Beheizung von Brennöfen erzielen ließen, wurden in China sehr geschätzt. Eine Geschichte von Tang Ying, aus der hervorgeht, wie sehr diese Effekte bewundert wurden, erzählt von dem göttlichen Töpfer Tung. Tung erzielte einmal eine blutrote Glasur, die dem Kaiser so gefiel, daß er noch mehr Gefäße in dieser Art haben wollte. Aber der Töpfer brachte die Glasur nicht mehr zustande. In seiner Verzweiflung warf er sich ins Feuer. Als seine Gehilfen die Waren aus dem Ofen nahmen, sahen sie, daß die Gefäße alle die hochgeschätzte rote Glasur trugen.*

**Asche-Glasuren**

Die Töpfer bemerkten auch, daß Holzasche, die von der Feuerkammer in die Brennkammer geriet und sich auf den Schultern von Gefäßen sowie in Schüsseln absetzte, schmolz und mit der Tonoberfläche eine gesprenkelte Glasur bildete. Man entdeckte, daß bestimmte granit- und feldspathaltige Gesteine, wenn man sie zu feinem Pulver zerrieb und auf die Tonoberfläche streute, ebenfalls zu milchigweißen Glasuren schmolzen. Im Laufe der Zeit vervollkommneten die chinesischen Töpfer ihre Glasuren und Steinzeuggefäße.

*Eine chinesische Steinzeugflasche aus der Tang-Zeit (618–906 n. Chr.). Der Hals wurde nachträglich gedreht und im lederharten Zustand angesetzt. Die Glasur ist gelblichweiß.*

Mischungen von Holzasche und Feldspat oder Holzasche und Lehm wurden zur Herstellung der halbmatten, seidenartigen Glasuren verwendet, die als Inbegriff der chinesischen Keramik gelten. Die Glasur wurde oft dunkel olivgrün gefärbt; man bezeichnet sie dann als Seladon-Glasur. Die meisten dieser Glasureffekte ließen und lassen sich nur durch eine reduzierende (sauerstoffarme) Atmosphäre im Brennofen erreichen.

## Chinesische Glasuren

Für den chinesischen Steinzeug-Töpfer mußte eine Glasur im Idealfall dicht, glatt und halbdurchscheinend sein. Im Unterschied zu den Glasuren für Irdenwaren, die als Schicht auf der Tonoberfläche bleiben, verschmelzen die Steinzeugglasuren sehr viel inniger mit dem Scherben, so daß man sie nicht mehr als getrennte Schicht ansprechen kann. Aus diesem Grund und auch wegen der höheren Brenntemperaturen sind Steinzeugglasuren von gedämpfterer Farbe. Alte chinesische Schriftsteller bezeichnen solche Glasuren recht anschaulich als „fettig und speckig" wie „Hammelfett" oder „geronnener Rindertalg".

Die stets um die Vervollkommnung ihrer Kunst bemühten chinesischen Töpfer strebten danach, einen möglichst weißen Steinzeugscherben zu erzielen, auf dem die Glasuren heller und kräftiger erscheinen würden.

*Eine gedrehte japanische Vase mit Glasur auf der Schulter, die durch Asche während des Brennens bei hoher Temperatur entstand. Die Japaner schätzten diese „natürlichen" Effekte sehr. Man nimmt an, daß es sich hierbei um die früheste Form von Steinzeugglasur handelte.*

Manchmal führten diese Experimente dazu, daß aufgrund ungleichmäßiger Schwindung von Scherben und Glasur diese ein Netz von feinsten Haarrissen bekam. Dieser Effekt, das sogenannte Craquelé, wurde dann auch absichtlich herbeigeführt.

Neben dem weißen Scherben war auch die Herstellung roter Glasuren ein beständiges Ziel der chinesischen Töpfer. Glasuren mit karminroten oder purpurnen Flecken wurden dadurch erreicht, daß kupferhaltige Glasuren in einer stark reduzierenden Atmosphäre gebrannt wurden. Heute werden solche Glasureffekte bewundert, doch die Kenner unter den alten Chinesen bezeichneten sie verächtlich als „Schweineleber", „Pferdemist" oder „Nasenschleim". Später wurden andere rote Glasuren entdeckt, die als „Edelsteinrot" bezeichnet werden, weil sie angeblich mit zerstoßenen Rubinen angesetzt wurden.

*Ein deutscher Bartmannskrug aus salzglasiertem Steinzeug, so benannt nach der bärtigen Reliefmaske. Der übrige Dekor besteht aus einer Kreuzigungsszene und einem Fries, auf dem die Apostel dargestellt sind.*

## Salzglasiertes Steinzeug

Europas bedeutendster Beitrag zur Entwicklung der Keramik war abgesehen von der Entdeckung des Hartporzellans die Entdeckung des salzglasierten Steinzeugs durch deutsche Töpfer im 14. Jahrhundert. Die im Rheinland vorkommende Tonerde ist reich an Kieselsäure, wodurch sie widerstandsfähig gegen hohe Temperaturen wird. Die Salzglasur entsteht dadurch, daß man bei der Endtemperatur von 1200–1250 °C gewöhnliches Kochsalz in den Brennofen streut. Das verdampfende Salz verbindet sich mit dem Tonscherben und erzeugt auf seiner Oberfläche eine dünne, sehr harte Glasurschicht.

Farbe und Oberflächenstruktur der Glasur variieren je nach dem Eisengehalt der Masse und eventuellen Zusätzen von verglasbarem eisenhaltigem Ton. Die Oberfläche ist oft gesprenkelt und gelblich oder braun, je nach der verwendeten Tonart. Dank seiner umfangreichen Tonvorkommen wurde das Rheinland zum Zentrum der Steinzeug-Manufaktur. Der Rhein diente zudem als bequemer Transportweg, und so wurden große Mengen

*Oben: Ausschnitt aus einem Gemälde von Pieter Brueghel. Es zeigt Trinkgefäße aus salzglasiertem rheinischen Steinzeug mit typischer, gefleckter Glasur.*
*Rechts: Porzellanherstellung im China des 18. Jahrhunderts. Auf dem Bild werden die Waren in Kapseln gesetzt, die dann im Brennofen gestapelt werden.*

Steinzeug nicht nur auf dem deutschen Markt verkauft, sondern auch in andere europäische Länder ausgeführt.
Salzglasur hat den großen Vorteil, daß sie sowohl hart als auch säurebeständig ist. Deshalb eignete sich salzglasiertes Steinzeug für Vorratsgefäße aller Art. Das regte zur Anbringung dekorativer Reliefs auf der Oberfläche der Gefäße an. Die Motive wurden Siegeln, Münzen, Medaillen und Wappen entlehnt; gelegentlich finden sich auch frei gestaltete Reliefs.

## Gebrauchsgeschirr

Es wurde Gebrauchsgeschirr der verschiedensten Art hergestellt, darunter Trinkbecher und Bierkrüge sowie Wein- und Bierflaschen. Kardinal Bellarmin, ein Jesuit, der gegen die Sünde des Alkoholtrinkens zu Feld zog, wurde dafür zum Spott als Reliefmaske auf den sogenannten Bartmannskrügen abgebildet.
Heute wird die Salzglasur fast nur noch von Kunsttöpfern verwendet, weil beim Salzglasieren Dämpfe aus dem Brennofen entweichen, die zwar in kleinen Mengen relativ harmlos sind, auf industrieller Ebene jedoch zu einer unvertretbaren Luftverschmutzung führen würden. Aber auch in kleinen Töpferwerkstätten muß das Einatmen der giftigen Dämpfe unbedingt vermieden werden. Das Brennen darf deshalb nie in einem schlecht belüfteten Raum geschehen.

# Kostbares Porzellan

Porzellan ist Keramik mit rein weißem, durchscheinendem Scherben aus einer speziellen Masse, die aus Kaolin (Porzellanerde), Feldspat und Quarz besteht. Wie Jade stand auch das Porzellan bei den Chinesen als Kostbarkeit in hohem Ansehen. In zahlreichen literarischen Werken wurden seine Vorzüge in dichterischer und oft überschwenglicher Sprache gerühmt. Porzellangefäße wurden vom 10. Jahrhundert an auch außerhalb Chinas bekannt und waren hochgeschätzt, teils wegen ihrer Seltenheit, teils wegen der Schönheit des Materials. Das Herstellverfahren blieb ein wohlgehütetes Geheimnis der Chinesen, bis zu Beginn des 18. Jahrhunderts auch in Deutschland die Herstellung von Hartporzellan glückte.

Das älteste chinesische Porzellan stammt aus der Tang-Zeit (618–907 n. Chr.); damals gelang chinesischen Töpfern zum erstenmal die Herstellung eines durchscheinenden weißen Scherbens. Suleiman, ein arabischer Reisender, schrieb 851 n. Chr. von dem feinen weißen Ton in China, aus dem die dortigen Töpfer Vasen „so durchscheinend wie Glasflaschen" anfertigten.

Die Töpfer der Sung-Zeit vervollkommneten die Kunst der Porzellanherstellung weiter; sie strebten unter anderem danach, Porzellan herzustellen, das so hart und dauerhaft wie Jade sein sollte, und dieses Ziel erreichten sie auch. Auch feine weiße und hellblaue Waren wurden geschaffen, von denen manche mit leicht eingeritzten Lotosblätter-, Chrysanthemen- und Vogelmotiven dekoriert sind.

Im Jahre 1260 kam in China Kublai Chan an die Macht und öffnete das Land für Reisende und Händler. Marco Polo weilte an seinem Hof; er berichtete in Europa von den wunderbaren Dingen, die er gesehen hatte, und brachte auch Beispiele für die Kunst der chinesischen Töpfer mit.

## Ming

In der späteren Ming-Zeit erreichte die Töpferkunst eine neue Hochblüte. Das Geheimnis der Unterglasurmalerei in Kobaltblau war aus dem Vorderen Orient nach China gelangt, und unter den Ming-Kaisern wurde die kaiserliche Manufaktur in Jingdezhen gegründet.

Das weiße Porzellan diente jetzt als Untergrund für gemalte Dekore von zunehmender Raffinesse. Man verwendete leuchtende Emailfarben, die bei niedriger Temperatur nachträglich gebrannt wurden (Muffelfeuer). Die

*Eine chinesische Flasche aus Blauweiß-Porzellan, die in der Ming-Zeit entstand. Sie hat einen kobaltblauen Unterglasurdekor mit einem Drachenmotiv. Der Drache war das Symbol des Kaisers. Die meisten chinesischen Dekormotive hatten symbolische Bedeutung. Die Bemalung ist unter der Glasur leicht verlaufen.*

Dekore in kobaltblauer Unterglasurmalerei wurden vervollkommnet, und es entstand das berühmte Blauweiß-Porzellan. Insgesamt gesehen wurde das chinesische Porzellan dekorativer und farbiger, und es wurde ein niemals übertroffener Gipfel handwerklicher Kunstfertigkeit erreicht.

**Das Geheimnis wird entdeckt**

Ins Ausland gelangtes chinesisches Porzellan spornte europäische Töpfer an, nach dem Geheimnis der Porzellanherstellung zu forschen. Da ihnen jedoch die notwendigen Rohstoffe und die technischen Kenntnisse zur Erzielung hoher Brenntemperaturen fehlten, blieben sie erfolglos und begnügten sich mit der Nachahmung der weißen Oberfläche des Porzellans.

Einer der ersten erfolgreichen, wenngleich kurzlebigen Versuche zur Herstellung eines durchscheinenden Scherbens wurde 1575 in Florenz unternommen. Das Ergebnis war das sogenannte Medici-Porzellan, das für die Medici hergestellt wurde. Die Masse bestand aus Ton und Glasfritte und ließ sich nur schwer formen. Der gebrannte Scherben hatte kaum Ähnlichkeit mit echtem Porzellan.

Das erste echte europäische Hartporzellan (im Unterschied zum Weichporzellan, das bei niedrigeren Temperaturen gebrannt wird) wurde in Deutschland von Johann Friedrich Böttger hergestellt; unter seiner Leitung wurde daraufhin die Porzellanmanufaktur Meißen gegründet. Obwohl das Geheimnis eifersüchtig gehütet und nur an ganz wenige Töpfer weitergegeben wurde, gelang es interessierten Kreisen, Arbeiter durch Bestechung zum Reden zu bringen, und bald wurde auch in Wien eine Manufaktur gegründet.

Ihr folgten viele andere, und es wurde an Fürstenhöfen Mode, eine eigene Manufaktur zu besitzen. So wurde die Höchster Manufaktur dem Patronat des Kurfürsten von Mainz unterstellt, und die Berliner Manufaktur wurde unter Friedrich dem Großen königlich. Doch Meißen blieb in handwerklicher wie künstlerischer Hinsicht unübertroffen. Hier wurden nicht nur feinstes Tafelgeschirr in großer Vielfalt, sondern auch, von Künstlern wie Johann Joachim Kaendler, wunderschöne Porzellanfiguren geschaffen.

## Königlich privilegiert

Schon bald hatte sich das Geheimnis der Herstellung von Hartporzellan über ganz Europa verbreitet, doch stellten viele Fabriken nur Weichporzellan her, bei dem der Masse eine besondere Fritte beigemengt und mit niedrigeren Brenntemperaturen gearbeitet wurde. Von den französischen Fabriken stellte die in Sèvres alle anderen in den Schatten. Im Jahre 1753 erhielt sie die Bezeichnung „Königliche Manufaktur"; sie produzierte zu verschiedenen Zeiten Hart- und Weichporzellan.

In England, wo derlei königliche Schirmherrschaft nicht existierte, überließ man die Porzellanherstellung wohlhabenden Privatleuten. Manufakturen für Weichporzellan wurden beispielsweise in Chelsea, Derby und Lowestoft gegründet.

Eine englische Besonderheit war das von Josiah Spode Ende des 18. Jahrhunderts erfundene Knochenporzellan, bei dem der Tonmasse Asche von Tierknochen beigemengt wurde. Nur wenige englische Fabriken stellten echtes Hartporzellan her, mit Ausnahme der Worcester Porcelain Company, die auch heute noch arbeitet. In dieser Manufaktur werden Gebrauchsgeschirr sowie Menschen- und Tierfiguren hergestellt. Die Ware wird bei Temperaturen von über 1300 °C gebrannt.

Heute stellen auch viele Kunsttöpfer Hartporzellan her, und dank der Entdeckung bildsamerer Tone weisen die neuartigen Massen vorzügliche Eigenschaften beim Formen und Brennen auf.

*Die Meißener Porzellanfigur oben stellt einen Töpfer bei der Arbeit an der Töpferscheibe dar, die mit dem Fuß in Drehung versetzt wird. Die Meißener Porzellanmanufaktur war führend in Deutschland.*

*Die Porzellanmanufaktur in Sèvres am Stadtrand von Paris überflügelte alle anderen französischen Fabriken. In dieser Werkstatt werden Gefäße und Figuren modelliert.*

*Johann Friedrich Böttger (1682–1719) war ein deutscher Alchimist, der für August den Starken, Kurfürst von Sachsen, Gold machen sollte. Das gelang ihm zwar nicht, aber er entdeckte bei seinen Experimenten das Verfahren zur Herstellung echten Porzellans, wie es bis dahin nur in China bekannt war. Der Kurfürst war hocherfreut und hielt Böttger als Gefangenen, damit er sein Geheimnis nicht preisgebe. In Meißen wurde unter Böttgers Leitung die erste europäische Porzellanmanufaktur errichtet. Aber das Verfahren war schon bald in ganz Europa bekannt.*

# Das Dekorieren

Als man herausgefunden hatte, wie man die Töpferware im Brennofen vor der Berührung mit Feuer und Rauch bewahren konnte, fing man an, sie vor dem Brennen zu dekorieren. Aus dem Vorderen Orient sind Bemalungen mit gefärbtem Ton schon aus der Zeit um 3000 v. Chr. bekannt; es wurden geometrische Motive und auch stilisierte menschliche und tierische Figuren verwendet.

*Eine persische Schüssel aus dem 13. Jahrhundert, aus weißer Irdenware gedreht. Der Dekor zeigt Pflanzen und Fische.*

Dieses dekorative Element der vorderasiatischen Keramik spielte lange Zeit eine wichtige Rolle und wurde von den islamischen Töpfern für glasierte Waren übernommen und weiterentwickelt.

Durch die Verwendung von Glasuren wurden viele verschiedene Dekorationstechniken möglich. Unterglasurfarben werden auf das Gefäß aufgemalt, und anschließend wird die Glasur darüber aufgetragen (z. B. Unterglasur-Blau). Bei der Aufglasurmalerei wird der Dekor auf die eingebrannte Glasur aufgemalt und durch einen weiteren Brand bei niedriger Temperatur fest mit der

Glasur verbunden. Eine Sonderform der Aufglasurmalerei ist die Fayencemalerei; hierbei wird auf die ungebrannte Glasur gemalt.

## Die islamische Dekorationskunst

Alle diese Verfahren wurden zu verschiedenen Zeiten von den islamischen Töpfern angewandt, deren Religion die Darstellung von Menschen und Tieren verbietet. So konzentrierten sich die Töpfer auf halbabstrakte Blumen- und Blattdekore sowie auf die dekorative arabische Schrift. Weißbrennende Tone und Zinnglasuren bildeten einen geeigneten Grund für die Dekoration. Diese wurde manchmal mit verfließenden Farben aufgetragen und manchmal in andersfarbige Engobe eingeritzt.

Gelegentlich wurden die religiösen Vorschriften umgangen und Tiere dargestellt.

Der Islam untersagte auch den Gebrauch von Edelmetallen für Eßgeschirr. Deshalb wurden vom 10. Jahrhundert an in Ägypten und dem Nahen Osten Lüsterfarben auf zinnglasierten Gefäßen verwendet, um das Aussehen von Edelmetall nachzuahmen. Die Lüstertechnik war ein hochspezialisiertes Verfahren, das nur wenige Töpfer beherrschten. Mit Erde vermischte Metalloxide wurden auf die gebrannte Glasur aufgetragen und bei rauchiger Ofenatmosphäre in einem dritten Brand eingebrannt. Dabei lagert sich das Metall an der Oberfläche der Glasur ab, die durch anschließendes Polieren ihren eigenartig schimmernden Glanz erhält.

## Spanische Lüsterfayence

Lüsterfarben wurden zusammen mit Unterglasurmalerei verwendet, und diese Technik gelangte im 14. und 15. Jahrhundert in Spanien zu unerreichter Blüte. Die Dekoration mit verschiedenen Lüsterfarben wurde mit blauer Unterglasurmalerei in arabesken Mustern kombiniert, in der sich islamische und christliche Kulturelemente verbanden.

Auch Email- oder Schmelzfarben wurden mit großem Erfolg verwendet. Diese Farben wurden auf die gebrannte Glasur aufgebracht, und die Gefäße wurden bei niedriger Temperatur erneut gebrannt. In Persien wurden oft die Maler illuminierter Handschriften zur Ausführung der Dekore auf flachen Schalen und Schüsseln herangezogen. Diese Arbeiten sind nicht nur wegen ihrer hohen Kunstfertigkeit interessant, sondern auch im Hinblick auf die dargestellten Szenen, die Aufschluß über das Alltagsleben geben.

*Diese spanisch-maurische Schale mit braungoldenem Lüsterdekor und blauer Unterglasurbemalung entstand um 1420 in Manises bei Valencia, Spanien. Die Motive sind ein portugiesisches Schiff, vier Delphine und arabische Schrift.*

*Josiah Wedgwood wurde 1730 geboren. Mit 14 Jahren wurde er Töpferlehrling, 15 Jahre später machte er sich selbständig. Er gilt als der Vater der modernen keramischen Industrie.*

*Wedgwood-Ware weist häufig traditionelle Dekore auf, doch werden laufend auch neue Formen und Dekore entwickelt.*

***Die keramische Industrie***

*Die keramische Industrie arbeitet mit modernsten technischen Verfahren. Die meisten Arbeitsgänge sind automatisiert, doch es werden nach wie vor zahlreiche Fachkräfte benötigt.*

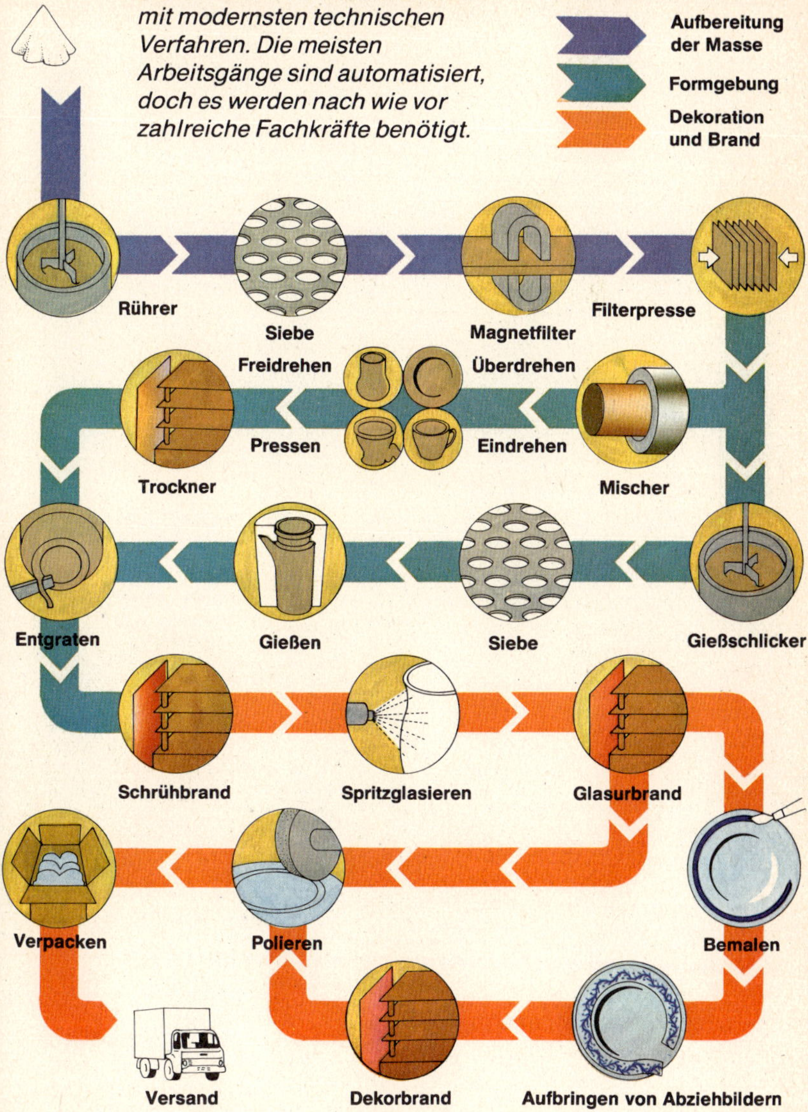

## Die industrielle Revolution

Bis 1750 arbeiteten die Töpfer noch in kleinen Familienbetrieben und setzten ihre Waren vorwiegend in der näheren Umgebung ab. Durch die industrielle Revolution änderte sich das ganze System der Herstellung von Töpferwaren grundlegend innerhalb von 50 Jahren. Diese Entwicklung ging von England aus. Hier entstanden Fabriken, die feines Steingut herstellten und nicht nur in ganz England absetzten, sondern auch nach dem europäischen Festland und in die USA exportierten. Spezialisierte Produktionsverfahren mit sorgfältig aufbereiteten Rohstoffen und neue Vertriebsmethoden wurden entwickelt. Dies alles war großenteils das Verdienst von Josiah Wedgwood.

Wedgwood hatte sich vorgenommen, cremefarbene Irdenware mit dünnen Wandungen herzustellen, und experimentierte dazu mit allen damals bekannten technischen Neuerungen; stets war er bestrebt, Form und Dekor seiner Waren zu verfeinern. Seine Vorliebe für die klassische Architektur ließ ihn einen klassizistischen Stil entwickeln, der sich als sehr reizvoll erwies und großen Anklang fand. Unter seiner Leitung wurden cremefarbenes Tafelgeschirr, die sogenannte Queensware, sowie feines, in der Masse gefärbtes Steingut wie die grüne Jasperware und die schwarze Basaltware hergestellt; die beiden letzteren Arten wurden mit kunstvollen Reliefdekoren versehen.

Wedgwood hatte wesentlichen Anteil am Aufbau einer Industrie, die nicht mehr in der Organisationsform des Handwerks, aber immer noch mit handwerklichen Verfahren arbeitete und deren Produkte von anerkannt hervorragender Qualität waren.

Heute besteht industriell hergestellte Irdenware aus einer Mischung von Kaolin, Feldspat, Steingutton und Flint. Die Stoffe werden gereinigt, aufbereitet und zu einer geeigneten Masse vermischt. Das erste halbautomatische Verfahren zur Herstellung von Töpferware wurde Mitte des 19. Jahrhunderts erprobt, und heute ist die Herstellung fast vollständig mechanisiert.

*Geschirr aus der Königlichen Porzellanmanufaktur Kopenhagen.*

# Töpferei heute

Gegen die zunehmende Industrialisierung stellten sich vom 19. Jahrhundert an Künstler, die der Meinung waren, daß die Umstellung auf Maschinen nicht unbedingt zu einer Anhebung der Lebensqualität oder zu besser gestalteten Gegenständen führte. Sie sahen mit Besorgnis, wie die althergebrachten handwerklichen Berufe des Druckers, Webers, Tischlers und Töpfers zunehmend von der industriellen Massenproduktion verdrängt wurden.

Ein führender Vertreter der Bewegung gegen die Dehumanisierung der Arbeitswelt war William Morris. Zusammen mit Gesinnungsgenossen gründete er eine Werkstatt, in der begabte Kunsthandwerker Gegenstände des täglichen Gebrauchs zu konkurrenzfähigen Preisen schufen.

*Die vier Brüder Martin arbeiteten im Sinne der Erneuerung des Kunsthandwerks. In ihrer Werkstatt in Southall, England, schufen sie salzglasiertes Steinzeug.*

*Bernard Leach bei der Arbeit. Leach erlernte die Töpferei in Japan und beeinflußte 50 Jahre lang Töpfer in aller Welt.*

Die Arts and Crafts Movement war eine Bewegung, die sich der Verwirklichung von Morris' Ideen über Herstellmethoden und Kunsthandwerk verschrieben hatte. Im Jahre 1888 wurde eine Gesellschaft gegründet, deren Ziel es war, Ausstellungen mit Arbeiten von Kunsthandwerkern zu zeigen, die mit traditionellen handwerklichen Methoden recht einfache Gegenstände herstellten. Die Ideen dieser Leute ließen sich großenteils nicht verwirklichen, weil Handarbeit nun einmal ein teures Herstellverfahren ist; trotzdem übten sie nachhaltigen Einfluß auf Kunsthandwerk und bildnerisches Denken im 20. Jahrhundert aus.

Kleine Werkstätten, in denen die Ideen der Arts and Crafts Movement verwirklicht wurden, entstanden in vielen Ländern. Holländische Kunsthandwerker ließen sich von der japanischen Batik und dem deutschen salzglasierten Steinzeug beeinflussen.

*Eine Tonplastik, die ausdrücken will, wie Fremdbestimmung unter dem Vorwand des Mitgefühls zu Unfreiheit führen kann. Eine überzeugende Arbeit der schwedischen Keramikerin Britt-Ingrid Persson.*

*„Blühender Torso" von Johnny Rolf, Aufbaukeramik in Plattentechnik mit grüner, rötlicher und türkiser Kupferglasur. Rolf ist einer der bedeutendsten zeitgenössischen Töpfer der Niederlande.*

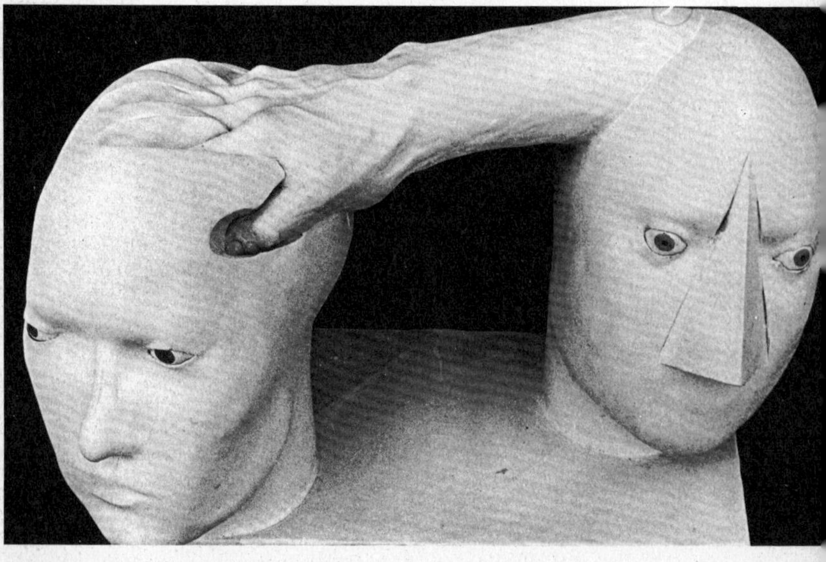

In anderen Ländern entstand aus traditionellen handwerklichen Verfahren und dem Umgang mit herkömmlichen Werkstoffen eine neue Kunstgattung. Um 1850 schufen französische Kunsttöpfer bereits Gefäße, die neben den Werken von Malern und Bildhauern ausgestellt wurden. Importiertes chinesisches und japanisches Steinzeug, das nun zum erstenmal in Europa und Amerika gezeigt wurde, bot Anregungen für Töpfer in Europa und den USA, die sich bemühten, die fernöstlichen Formen und Glasuren nachzuahmen.

## Moderne Einflüsse

Viele zeitgenössische Kunsttöpfer ließen sich von den Ideen und Arbeiten von Bernard Leach anregen. Er richtete sich 1920 in St. Ives ein Atelier ein, nachdem er in Japan die Töpferkunst erlernt hatte.
Heute sind jedoch auch vielfältige andere Einflüsse wirksam. Die originellen Arbeiten amerikanischer Popkünstler haben viele Töpfer beeinflußt, und daraus entwickelte sich eine neue Form der Tonplastik. Diese Künstler sehen im Ton eher ein Ausdrucksmittel als einen Werkstoff für Gebrauchsgefäße. Ihre Arbeiten reichen von superrealistischen Miniaturmöbeln und -küchenmaschinen bis zu überdimensionalen Plastiken.
Es gibt heute verschiedene Möglichkeiten, sich zum Kunsttöpfer ausbilden zu lassen, beispielsweise durch das Studium an einer Kunstakademie oder durch Abendkurse. Wer sich zu Hause eine Töpferwerkstatt einrichten möchte, kann dies ohne allzu hohen Kostenaufwand tun. Adressen von Herstellern und Lieferfirmen finden sich am Schluß des Buches.

# Umgang mit Ton

Man kann Ton in kleinen Mengen in einem Künstlerbedarfsgeschäft kaufen oder in größeren Mengen bei einer der am Schluß des Buches aufgeführten Lieferfirmen bestellen. Die meisten Firmen bieten zwei Hauptsorten von plastischem, gebrauchsfertigem Ton an – einen rötlichen für Irdenware und einen grauen für Steinzeug. Nehmen Sie die Sorte, die der vorgesehenen Brenntemperatur entspricht; die Maximaltemperatur beträgt für Irdenware etwa 1150 °C und für Steinzeug etwa 1260 °C.

***Werkzeuge***
*Ein stabiler Arbeitstisch mit ebener, glatter Oberfläche (am besten Holz) ist das wichtigste Werkzeug des Töpfers.*
*Schüsseln mit Wasser, ein Kunststoffschwamm zum Reinigen des Tisches, ein scharfes Messer (Küchenmesser) und kleine Unterlegplatten zum Daraufstellen des Gefäßes während des Formens sind ebenfalls unentbehrlich. Die Holzstäbchen von Lutschern eignen sich gut als Modellierhölzer.*
*Spezialwerkzeug findet man in den Katalogen der Lieferfirmen.*

***Abschneidedraht***
*Davon brauchen Sie zwei Sorten. Einmal eine dicke Nylonschnur (Angelleine) zum Zerschneiden von Tonblöcken, und zum anderen einen dünneren aus verdrillten Drähten zum Abnehmen der Gefäße von der Töpferscheibe.*

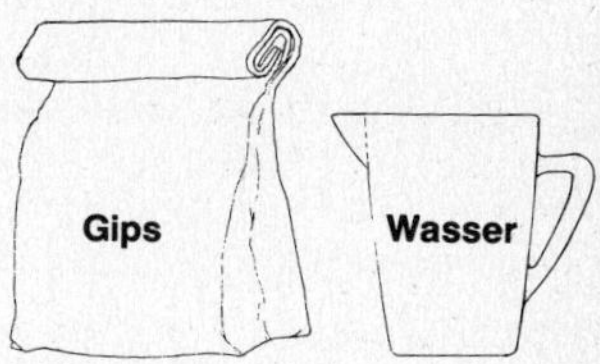


***Material für die Tonaufbereitung***
*Zu harter Ton muß weichgemacht und zu nasser muß getrocknet werden, damit man ihn verarbeiten kann. Zum Trocknen eignet sich eine Gipsplatte.*

## Aufbewahrung

Man spart sich viel Zeit und Mühe, wenn man seinen Ton stets in gebrauchsfertigem Zustand hält. Kunststoffsäcke oder -folien reduzieren die Verdunstung auf ein Minimum und verhindern so das Austrocknen des Tons. Am besten lagert man Ton in Plastikfolien verpackt in einem kühlen, feuchten Raum. Rechteckige Tonblöcke lassen sich dichter nebeneinander stapeln und bleiben deshalb länger feucht.

## Zusätze

Ton wird meist in reinem Zustand geliefert, also frei von Beimengungen. Für Aufbaukeramik (nicht für das Drehen) ist es jedoch oft empfehlenswert, dem Ton bestimmte Zusätze beizugeben.

Beispielsweise kann man dem Ton Sand beimengen, um ihn zu „magern", d. h. weniger dicht zu machen. Die Sandbeimengung kann 5–15% ausmachen.

Schamotte ist einmal gebrannter und wieder gemahlener Ton. Dieses Schamottemehl, wie es auch genannt wird, kann man dem Ton beimengen, um die Schwindung zu reduzieren, die Trocknung zu beschleunigen und die Masse homogener zu machen. Außerdem macht es den Ton griffiger und verleiht ihm eine etwas grobkörnigere Struktur. Wie bei Sand kann man auch hier 5–15% beimengen, doch sollten die Sand- und Schamottezusätze miteinander nicht mehr als 15% ausmachen. Sand und Schamottemehl werden am besten mit Wasser vermengt und in plastischen Ton geknetet.

## Pflege des Tons

Es ist viel einfacher, den Ton stets in gebrauchsfertigem Zustand zu halten, als ihn wieder aufzubereiten. Ungebrannter Ton kann jedoch wiederverwendet werden, es sei denn, er ist mit Gips verunreinigt.

Schütten Sie niemals Tonschlamm in einen Ausguß, denn er könnte sich verfestigen und das Rohr verstopfen.

Völlig ausgetrockneter Ton, also Reste oder Ausschuß, kann in kleine Stücke zerbrochen oder zum Aufweichen in Wasser gelegt werden. Gießen Sie nach ein bis zwei Tagen das Wasser ab, und legen Sie den feuchten Tonbrei mit einem Tuch darunter auf eine Gipsplatte auf (siehe Abbildung). Zum gleichmäßigen

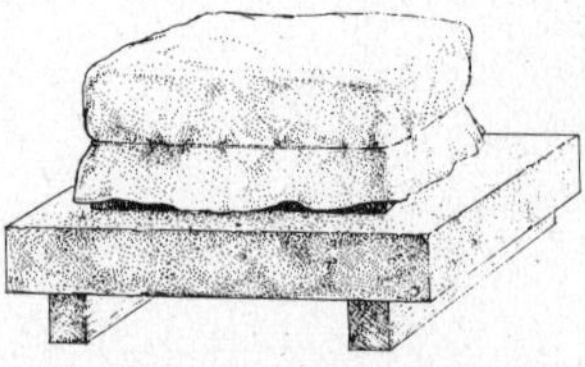

Trocknen wird der Ton noch mit weiteren Tüchern umwickelt. Je nach der Menge ist der Ton in ein bis zwei Tagen gebrauchsfertig.

Noch nicht ganz ausgetrockneten, aber zu harten Ton kann man dadurch weichmachen, daß man ihn in Klumpen zerschneidet und

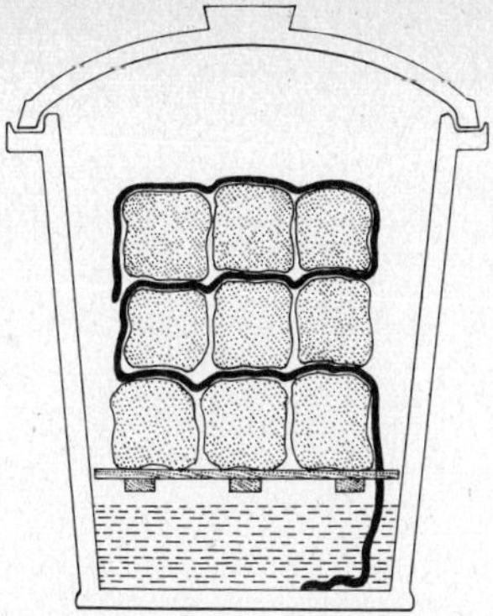

diese wie links abgebildet in einem Gefäß mit einem feuchten Tuch umwickelt. Das Tuch hängt ins Wasser und wird dadurch feucht gehalten. Der Ton kann nach einigen Tagen verarbeitet werden.

**Anfertigen einer Gipsplatte**

Für eine Gipsplatte zum Trocknen von Ton genügt gewöhnlicher Gips, wie man ihn in Baustoffhandlungen bekommt. Auch Gipsbrei darf wegen Verstopfungsgefahr nicht in den Ausguß geschüttet werden.

Schätzen Sie ab, wieviel Gips und Wasser Sie für Ihre Platte brauchen. Ein Kilo Gips in einem Liter Wasser ergibt eine Platte von etwa 1300 ccm Rauminhalt. Messen Sie die Zutaten ab und streuen Sie das Gipspulver langsam in das Wasser ein. Lassen Sie den Brei zwei bis drei Minuten stehen und rühren Sie ihn dann vorsichtig um. Wenn er abzubinden anfängt, gießen Sie ihn in einen Holzrahmen.

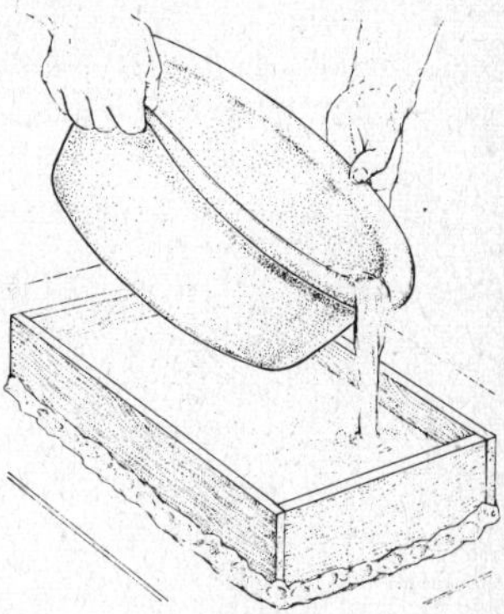

Wenn der Gips hart geworden ist, können Sie den Rahmen abnehmen und die Oberfläche der Gipsplatte glätten. Sie muß anschließend noch trocknen, bevor sie verwendet werden kann.

# Aufbereiten des Tons

Ton besteht aus flachen, plättchenartigen Teilchen, die übereinandergleiten können, wenn sie durch eine Wasserschicht getrennt sind; darauf beruht die Plastizität des Tons.
Ein guter, handgerechter Ton im plastischen Zustand enthält ungefähr 25–30% Wasser, das gleichmäßig in der Masse verteilt ist. Der Ton wird kompakter und widerstandsfähiger, wenn die Teilchen ungefähr in dieselbe Richtung gebracht werden.
Die Aufbereitung des Tons ist deshalb sehr wichtig, denn dadurch wird der Ton gut durchgemischt und widerstandsfähig und läßt sich besser formen.

***Schwere Lasten heben***
*Durch falsches Heben kann man sich einen Schaden am Rückgrat zuziehen. Um sich nicht zu „verheben", sollten Sie diese Regel beachten: Immer den Rücken gerade halten und dafür tief in die Knie gehen, wenn Sie etwas Schweres heben müssen. Wenn Sie es nicht gewöhnt sind, schwere Lasten zu heben, sollten Sie dabei unbedingt vorsichtig und langsam zu Werk gehen.*

**Falsch** **Richtig**

## Schlagen

Durch das Schlagen wird der Ton verdichtet und homogenisiert. Man schneidet dazu den Tonballen in zwei Hälften und schlägt die eine Hälfte kräftig auf die andere auf. Dafür braucht man einen Abschneidedraht und einen stabilen Tisch.
Der Vorgang wird oft wiederholt. Achten Sie darauf, daß der Ballen

rechteckig bleibt und die Hälften abwechselnd aufgeschlagen werden.

Beginnen Sie mit einem etwa 2 bis 4 Kilo schweren Ballen. Durch Schlagen kann man auch verschiedene Tone (z. B. weicheren und härteren) mischen; dazu nimmt man je eine Hälfte von zwei verschiedenen Ballen. Auch das Untermischen von Schamotte und Sand geschieht auf diese Weise.

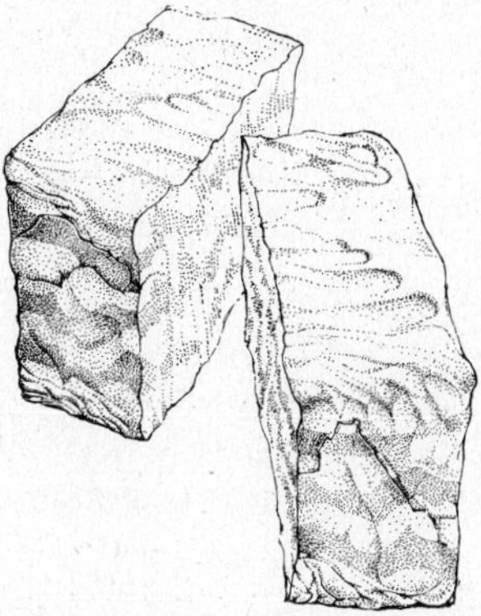

## Kneten

Der gut geschlagene Ton wird anschließend geknetet, um eingeschlossene Luftbläschen zu entfernen. Dazu ist einige Übung erforderlich.

Nehmen Sie für den Anfang einen kleineren Ballen (etwa 2 Kilo) und wenden Sie die in der Abbildung gezeigte Methode an. Packen Sie den Tonballen an den oberen Ecken, ziehen Sie ihn auf sich zu und drücken Sie ihn gleichzeitig zusammen.

*Bei der Tonaufbereitung sollte man gleichmäßig arbeiten, um nicht vorzeitig zu ermüden.*

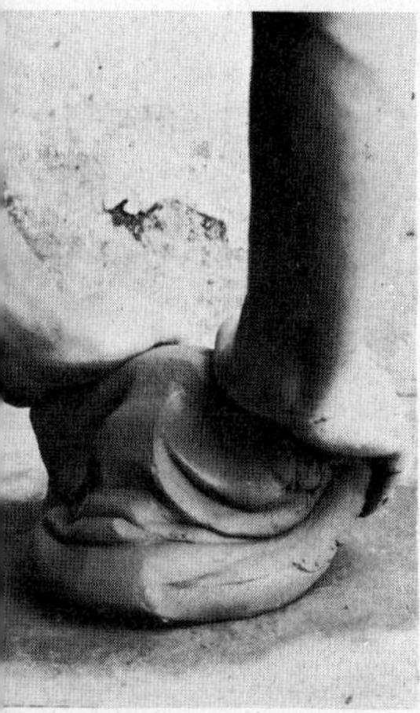

*So sehen Tonklumpen nach dem Kneten aus.*

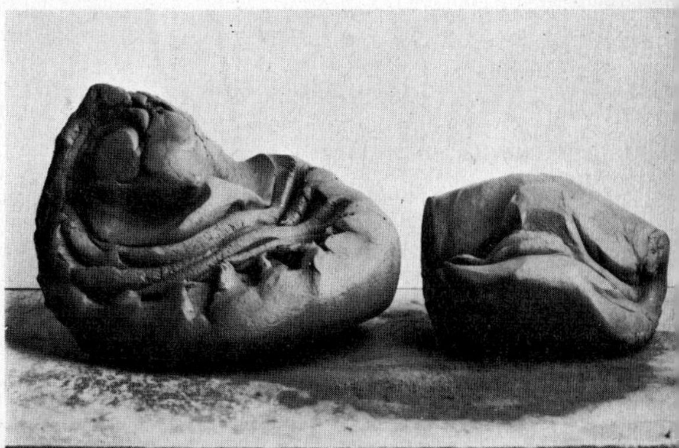

Fassen Sie den Ballen wieder vorne an und wiederholen Sie den Vorgang. Der Ton wird auf ähnliche Weise geknetet wie Brotteig, nur soll hierbei die Masse entlüftet statt mit Luft durchsetzt werden.
Eine zweite Methode wird von fernöstlichen Töpfern bevorzugt. Das Ergebnis ist auf der Seite 51 unten rechts zu sehen. Der Ton wird auch hier mit beiden Händen gepackt, beim Hochheben jedoch zugleich im Uhrzeigersinn gedreht.
Ein Tonballen soll ungefähr hundertmal geknetet werden. Das kann bis zu zehn Minuten dauern, aber diese Zeit sollten Sie sich nehmen.

## Bearbeitungszustand

Manche Tone sind in feuchtem, andere in trocknerem Zustand besser zu verarbeiten. Wie hart oder weich eine Masse ist, läßt sich leicht feststellen (Abbildungen rechts). Klebriger Ton ist im allgemeinen zu feucht (**1**). Ist er zu trocken, reißt und bricht er (**2**). Handgerechter Ton ist sauber und bildsam (**3**). Mit einiger Erfahrung erkennen Sie diese Zustände auch ohne Prüfung.

1

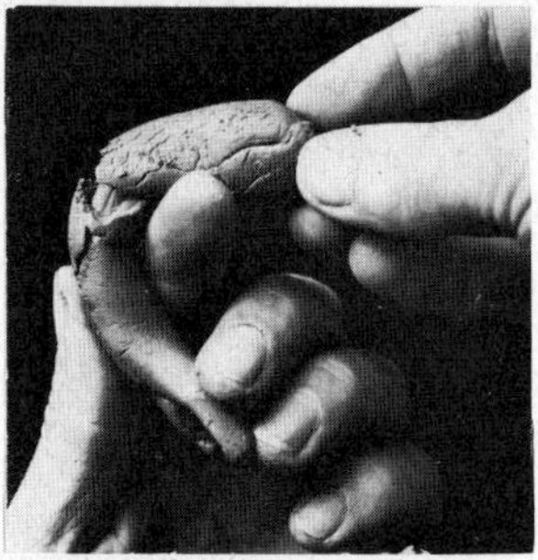
2

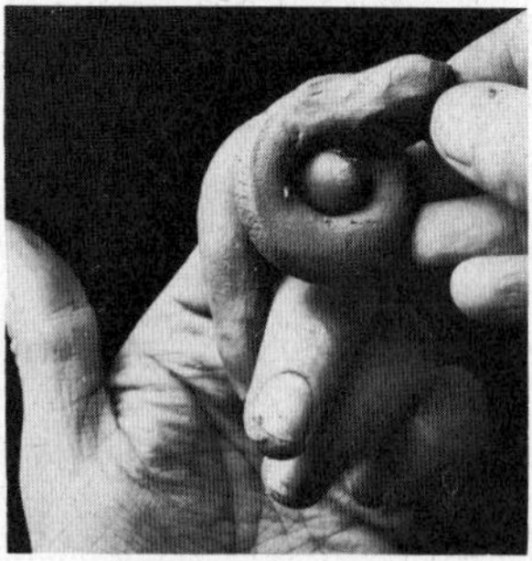
3

# Experimente mit Ton

Als erste Einführung in das Bilden mit Ton sind die auf diesen Doppelseiten beschriebenen Experimente gedacht, die Ihnen viele Geheimnisse dieses wundervollen Werkstoffes nahebringen werden. Mit einfachen Werkzeugen, die in jedem Haushalt vorhanden sind, lassen sich recht ansprechende Ergebnisse erzielen. Je sorgfältiger Sie arbeiten, um so schöner werden Ihre Resultate ausfallen.

## Flache Schalen

Legen Sie einen Tonklumpen auf ein Blatt Zeitungspapier oder eine Stoffunterlage (dies verhindert, daß der Ton an der Tischplatte klebenbleibt), und schlagen Sie ihn flach. Rollen Sie ihn dann mit einem Rundholz noch flacher aus; die Platte wird gleichmäßiger, wenn sie zwischendurch einmal umgedreht wird. Sie sollte ungefähr 5 mm dick werden.

Schneiden Sie die Platte entweder freihändig oder mittels einer Schablone zurecht, und biegen Sie die Ränder hoch, so daß eine flache Schale entsteht. Drücken Sie überlappende Ränder zusammen, um feste Verbindungen zu schaffen und ein Umsinken zu verhindern. Das ist vor allem bei runden Formen zu empfehlen.
Je nach Weiche oder Härte der Tonmasse fallen die Ergebnisse unterschiedlich aus. Die besten

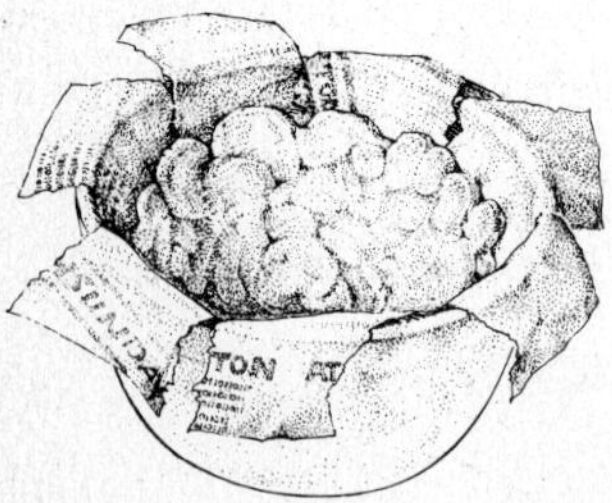


Schalen sind meist auch die saubersten.
Eine andere Methode zur Anfertigung flacher Schüsseln besteht darin, daß man kleine Tonkügelchen in eine mit Zeitungspapierstreifen ausgelegte Schüssel drückt. Beginnen Sie am Boden, und bauen Sie die Wandung nach und nach auf. Die flachgedrückten Klümpchen ergeben ein ansprechendes Muster. Wenn der Ton trocknet, schwindet er und löst sich von der Schüsselwandung, so daß Sie die Schale herausheben und die Papierstreifen abziehen können.

## Schneiden und Aushöhlen

Diese Experimente basieren auf der Verwendung des Abschneidedrahtes, der oft interessant strukturierte Oberflächen hinterläßt. Ein runder oder kantiger Tonklumpen läßt sich mit dem Draht in mehrere Stücke zerschneiden, die auf originelle Art ineinandergreifen können. Solche Gegenstände haben keinen praktischen Verwendungszweck, sondern sind nur als spielerische Übungen gedacht.

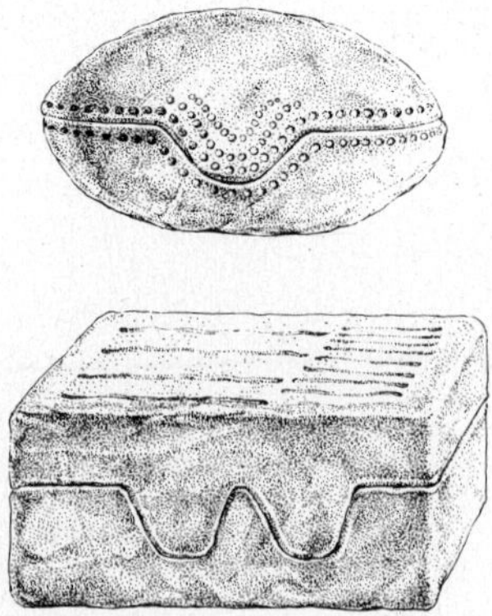

**Mit Draht geschnittene Gegenstände**

Geschnittene Formen kann man mit einer Modellierschlinge aus-

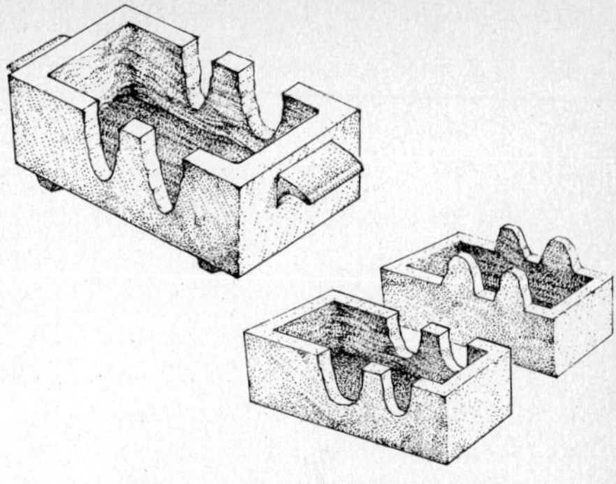

**Ausgehöhlte Gegenstände**

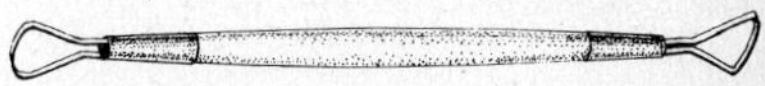

höhlen, so daß dekorative Dosen daraus werden. Mit hartem und weichem Ton lassen sich unterschiedliche Formen erzielen, und wenn man der Masse Sand oder Schamottemehl zusetzt, erhält man auch attraktive Oberflächenstrukturen.

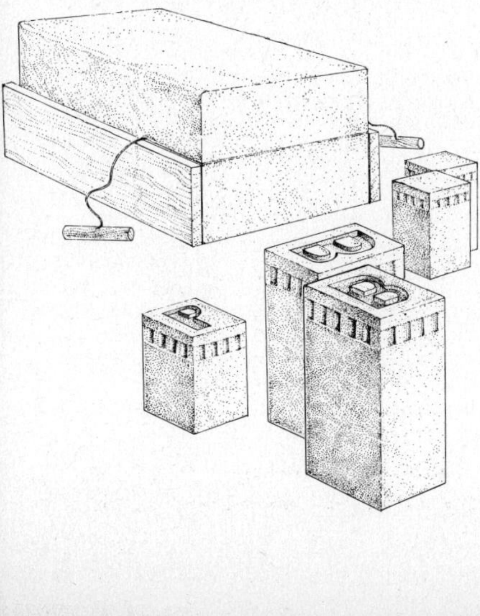

## Ein Schachspiel

Aus Ton geschnittene und anschließend verzierte Schachfiguren sind einfach herzustellen. Für das hier abgebildete Spiel wurden quaderförmige Blöcke von einheitlicher Größe aus einem Tonquader geschnitten. Zur Unterscheidung wurden die Figuren unterschiedlich hoch gemacht und an der Oberseite einfach verziert.

Stücke von gleicher Stärke kann man mit dem Draht aus einem Tonquader schneiden, indem man zwei seitlich angelegte Holzleisten als Führungen verwendet. Die Verzierung kann man mit einem Messer einritzen, oder man schafft durch Aufsetzen von Ton eine erhabene Reliefverzierung. Farbliche Kontraste lassen sich durch gefärbte Tone oder unterschiedliche Glasuren erzielen.

# Das Ausformen

Die Technik des Ausformens mit Hilfe von Negativformen hat eine lange Tradition. Bei der Form kann es sich beispielsweise um ein mit Ton ausgekleidetes Vogelnest oder um eine Gipsform handeln. Für den Anfänger müssen die Formen einfach sein, damit das Gefäß sich leicht herausnehmen läßt. Die Grundtechnik besteht darin, daß man weichen, plastischen Ton in die Form drückt.

***Werkzeuge***
*Einige Werkzeuge sind unentbehrlich, doch kann man vieles auch improvisieren. Zum Ausrollen von Tonplatten kann man ein Nudelholz aus der Küche oder auch ein Stück Plastikrohr nehmen. Außerdem brauchen Sie ein Messer mit einer scharfen, schlanken Klinge und ein Stahllineal.*
*Holzleisten dienen zur Festlegung der Dicke beim Ausrollen des Tons; Sie sollten welche in 6 mm, 9 mm und 12 mm Stärke zur Hand haben. Die Tonplatten können Sie auf Zeitungspapier, Pappe oder Stoff ausrollen. Material mit grober Oberflächenstruktur, z. B. Sackleinwand, erzeugt ein interessantes Muster.*

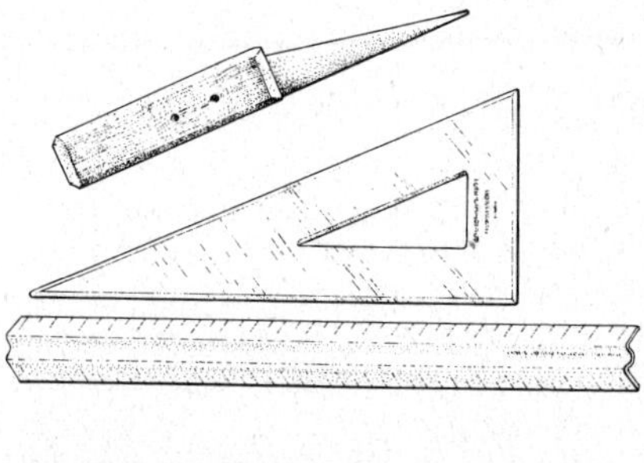

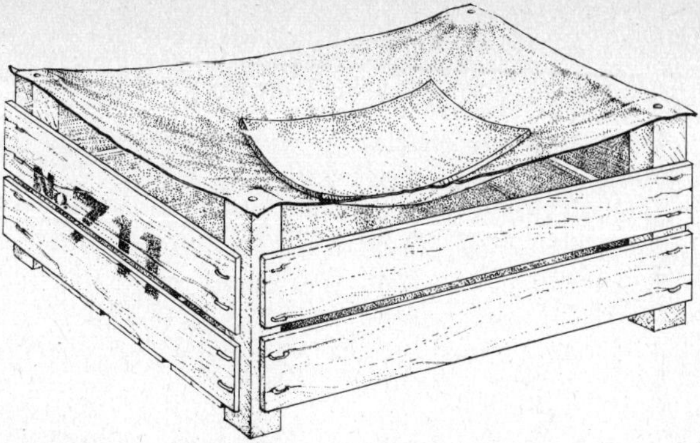


## Arbeitsweise

Zuerst den gut aufbereiteten und nicht zu harten Ton auf der Arbeitsfläche flachschlagen und zwischen den Führungsleisten mit dem Nudelholz ausrollen. Diese dünne Tonplatte kann nun in jede geeignete Form eingedrückt werden.

Eine einfache Form können Sie sich aus etwa 1,5 cm starken und 15 cm langen, zu einem Quadrat gelegten Leisten anfertigen. Schneiden Sie eine 17,5 mal 17,5 cm große Tonplatte aus, und legen Sie sie über das Leistenquadrat, so daß die Tonplatte die Form einer flachen Schale annimmt. Durch leichten Druck mit einem feuchten Schwamm können Sie die Form der Schale verändern.

Anstelle von Holzleisten können Sie auch Stege aus hartem Ton nehmen. Als Form für runde Schalen eignet sich ein zu einem Ring gebogener dicker Tonwulst.

## Tuchformen

Für größere Schalen nimmt man am besten ein ausgespanntes Tuch als Form. Dazu spannt man ein Tuch aus relativ weichem Stoff über eine offene Kiste oder für runde Schalen über eine Schüssel. Je nachdem, wie tief das Tuch durchhängt, erhält man flachere oder tiefere Schalen.

## Einlegen des Tons in die Form

Schneiden Sie die Tonplatte, die Sie in die Form drücken wollen, zurecht, solange sie noch flach ist, und legen Sie sie vorsichtig in die Form. Wenn der Ton lederhart geworden ist, nehmen Sie ihn aus der Form; geschieht dies zu früh, dann kann die Schale sich verformen. Den Rand kön-

nen Sie mit einem eingeritzten Muster oder einem Reliefdekor verzieren.
Flachkugel-Füße oder einen Fuß aus einem Tonring können Sie in diesem Stadium aufsetzen. Zeichnen Sie am Boden an, wo der Fuß hinkommen soll, und achten Sie darauf, daß er genau in der Mitte sitzt. Ritzen Sie die Oberfläche mit einem Messer ein und bestreichen Sie sie mit Tonbrei. Drücken Sie den Fuß fest an, und verstreichen Sie die Fugen mit den Fingern. Dadurch entsteht eine feste Verbindung, die nicht reißt oder bricht.
In der Ausformtechnik hergestellte Schalen können sehr reizvoll sein, wenn sie nur innen glasiert werden, und die unglasierte Außenseite als „Rahmen" für die schon gefärbte oder strukturierte Glasur dient.

## Dekorationen

Einer der Vorteile dieser Methode der Formgebung ist es, daß man dabei die Tonplatten noch im flachen Zustand dekorieren kann, was die Anwendung verschiedenster Techniken erlaubt.
Eine Möglichkeit ist die Stempeltechnik. Als Stempel können alltägliche Gegenstände wie Schrauben, Zahnräder, Muschelschalen und fast jede strukturierte Oberfläche dienen.
Durch Ansetzen winziger Tonklümpchen erhält man ein einfaches Hochrelief; streichen Sie jedes Kügelchen vor dem Auftragen mit Schlicker ein, damit es gut haftet. Diese Dekoration ist besonders wirkungsvoll, wenn sie nur am Rand der Schale angebracht wird.
Viele Pflanzen und Blätter hinterlassen ein dekoratives Muster, wenn man sie vorsichtig in den Ton drückt.

Besondere Aufmerksamkeit sollten Sie den Rändern ausgeformter Schalen schenken; sie dürfen nicht unsauber und unordentlich aussehen. Das kann leicht geschehen, wenn der Ton relativ weich ist. Ein mit einem Werkzeug in den Rand eingedrücktes Muster kann hier Abhilfe schaffen. Dieses Verfahren wandten früher viele Töpfer in ländlichen Gegenden bei ihren ausgeformten Schalen an.

# Gefäße in Plattentechnik

Es wurden bereits mehrere Verfahren zur Herstellung von Gefäßen aus Tonplatten erwähnt. In diesem Abschnitt wird beschrieben, wie man in einer Art „Tischler-Töpferei“ Gefäße aus Tonplatten aufbaut. Einer der Hauptvorteile dieser Technik ist, daß sie das Anfertigen von Gefäßen mit geraden, eckigen Kanten erlaubt – eine Art der Gestaltung, die seit Jahrhunderten bei Töpfern beliebt ist, vor allem im fernen Osten. Mit dieser Technik kann man z. B. Geschirrkästen sowie Zigaretten- oder Butterdosen herstellen.

***Werkzeuge***

*Eine größere Anzahl Tonplatten schneidet man besser aus einem Block, man kann sie aber auch ausrollen. Zum Schneiden der Platten nimmt man einen in einem hufeisenförmigen Metallbügel straff gespannten Draht. Eine andere Möglichkeit sind zwei Leisten mit Kerben in regelmäßigen Abständen, z. B. 5 mm, in die der Abschneidedraht eingesetzt wird.*

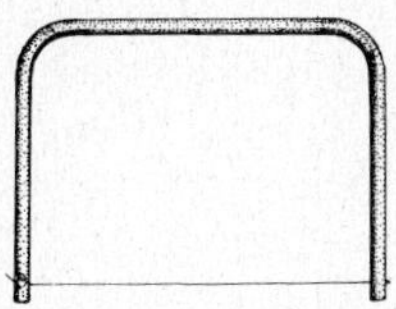

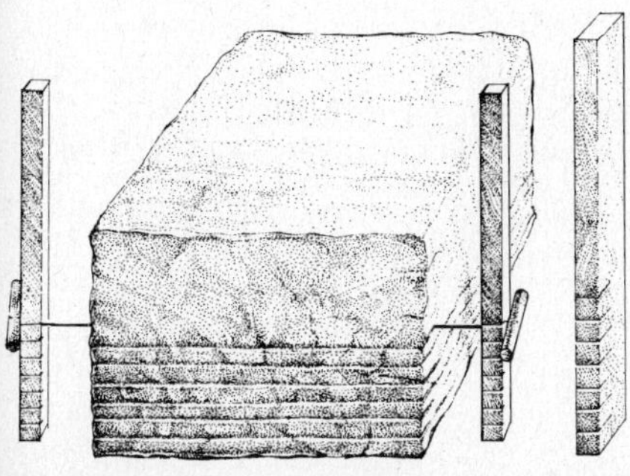

## Platten herstellen

Der Ton wird zunächst gut aufbereitet und zu einem möglichst regelmäßigen Block („Blätterstock“) aufgeschlagen, dessen Länge und Breite ungefähr den Maßen der benötigten Platten entspricht.

Legen Sie den Block auf eine glatte, ebene Fläche. Nehmen Sie den Metallbügel (s. Kasten) fest in beide Hände und ziehen oder schieben Sie ihn durch den Block. Heben Sie den Tonblock ab, und legen Sie die Platte beiseite.

Beim Abschneiden der Platten mit Hilfe von Draht und eingekerbten Leisten verfahren Sie ähnlich, nur daß Sie hierbei den Draht jedesmal eine Kerbe höher setzen, so daß schließlich der ganze Block in Platten zerschnitten ist. Lassen Sie die Platten lederhart werden, ehe Sie sie zurechtschneiden oder zusammenbauen.

## Aufbauen mit Platten

Überlegen Sie sich, wie das fertige Gefäß aussehen soll, und schneiden Sie sich aus steifer Pappe Schablonen in der erforderlichen Größe.

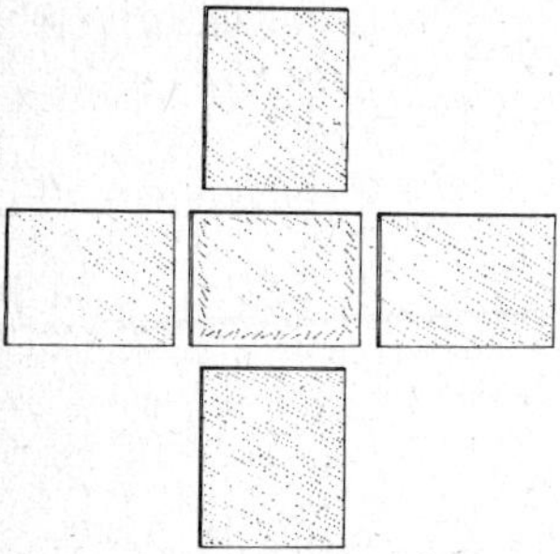

Beachten Sie folgende Grundregeln: Stellen Sie die Seitenwände stets auf die Grundplatte, damit die Grundplatte die Wandungen nach innen zieht, wenn das Gefäß beim Trocknen schwindet; auf diese Weise treten keine Risse auf.

Die Platten können entweder im rechten Winkel oder auf Gehrung (Kanten im Winkel von 45° beschnitten) zusammengesetzt werden. Entscheiden Sie sich für eine von diesen Methoden, und berücksichtigen Sie beim Bemessen der Schablonen die Dikke der Tonplatten.

## Zurechtschneiden der Platten

Wenn die Platten lederhart sind, lassen sie sich maßgerecht zuschneiden, ohne sich zu verziehen. Lassen Sie die Platten langsam an einem zugfreien Ort trocknen und wenden Sie sie häufig, weil sie dann besser flach bleiben; sie trocknen schneller, wenn Sie sie zwischen zwei Asbestplatten legen. Wichtig ist, daß alle Platten für ein Gefäß im gleichen Zustand sind, weil das Gefäß sonst Sprünge bekommen oder auseinanderbrechen kann.

Zum Zuschneiden der Platten legen Sie das Lineal auf die Schablone; dadurch wird diese festgehalten, und das Messer kann, falls es abrutscht, nicht in die Tonplatte einschneiden. Halten Sie das Messer senkrecht, und ziehen Sie es zwei- bis dreimal auf sich zu, bis der Ton durchtrennt ist. Ein sauberer Schnitt in einem Zug ist schwierig und erfordert viel Kraftaufwand.

*Vier Varianten der Plattentechnik verkörpern diese Beispiele moderner Studiotöpferei. Bis auf die runde Vase links, die aus Irdenware ist, wurden alle Gefäße bei Steinzeug-Temperatur gebrannt.*

## Zusammensetzen der Platten

Rauhen Sie die Oberflächen, die zusammengefügt werden sollen, auf und streichen Sie sie mit Schlicker ein. Bewegen Sie die Teile beim Zusammensetzen leicht hin und her, damit die beiden Oberflächen eine feste Verbindung eingehen. Es sollte nur wenig überschüssiger Schlicker an den Fugen austreten. Verstärken können Sie die Verbindung dadurch, daß Sie die Innenkanten mit einer dünnen Tonrolle ausfüllen und diese mit den Fingern oder einem Modellierholz ausrunden und verstreichen.

Stützen Sie die senkrechten Wandungen beim Zusammenbau mit Ziegeln oder Holzklötzchen, und lassen Sie das fertige Gefäß langsam trocknen, am besten unter einer Plastikfolie. Die äußeren Fugen können Sie mit einem Modellierholz oder einem Bügelsägeblatt glätten.

# Wickeln um einen Model

Hat man erst einmal ein bißchen Übung im Umgang mit Tonplatten, bieten sich einem fast unbegrenzte schöpferische Möglichkeiten. Wenn man die Platten zusammensetzt, erhält man rechtwinklige Ecken und Kanten, aber aus weicheren Platten lassen sich auch Gefäße mit abgerundeten Formen herstellen. Mit der Zeit sagt Ihnen die Erfahrung, in welchem Zustand die Platten sich am besten verarbeiten lassen. Das gilt vor allem für das Wickeln um einen Model.

**Arbeitsweise**

Diese Technik besteht im wesentlichen darin, daß man Tonplatten um einen als Model dienenden Gegenstand herumwickelt und diesen erst herauszieht, wenn der Ton so hart geworden ist, daß das Gefäß ohne Stütze stehen kann, ohne sich zu verformen. Das ist schwieriger, als es sich anhört; wenn der Ton zu weich ist, läßt er sich wickeln, ohne Risse zu bekommen, wird aber sehr leicht verformt. Ist die Tonplatte dagegen zu hart, läßt sie sich nicht um die Kanten wickeln, ohne zu reißen. Es kommt also darauf an, daß man den Ton genau im richtigen Moment verarbeitet. Die zweite Schwierigkeit besteht darin, den richtigen Augenblick für das Herausnehmen des Models abzupassen, denn wenn der Ton trocknet, schwindet er und reißt, falls der Model nicht herausgenommen wird.

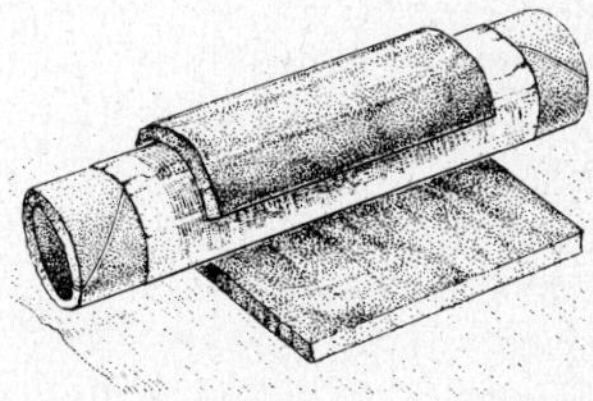

Die Tonplatten können entweder ausgerollt oder nach einer der schon beschriebenen Methoden ausgeschnitten werden. Man kann runde Model wie Krüge oder Papprollen oder eckige Model wie Holzblöcke oder Blechdosen verwenden, sie müssen sich nur leicht herausziehen lassen. Umwickeln Sie den Model stets mit Zeitungspapier, damit der Ton nicht anklebt. Je nach der Größe Ihres Gefäßes kann der

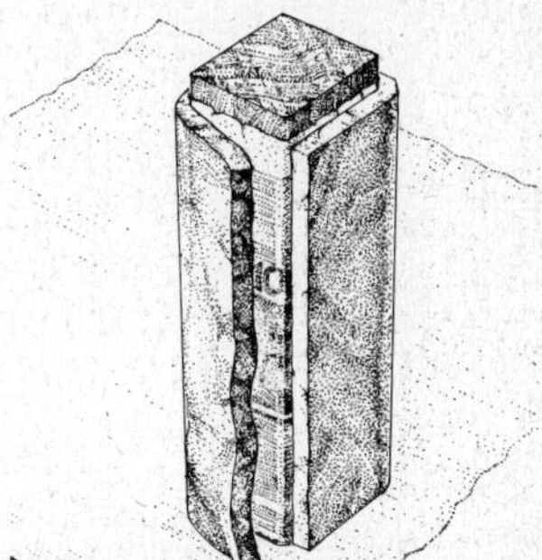

Ton entweder um den Model gewickelt oder gerollt werden. Schneiden Sie zuerst die Platte zurecht. Verbinden Sie die Ränder wie gewohnt durch Aufrauhen, Einstreichen mit Schlicker, Andrücken und Verstreichen.
Den Boden bringen Sie zum Schluß an; stellen Sie dazu das Gefäß auf eine Platte, die etwas zu groß ist, verbinden Sie den Boden mit den Wandungen und schneiden Sie die überstehenden Bodenteile ab. Die Abbildung unten zeigt eine Auswahl von Gefäßformen, die sich leicht nach der Wickelmethode herstellen lassen. Wenn Sie einige Erfahrung erworben haben, können Sie Schnauzen und/oder Henkel ansetzen und mehrere Gefäße zu größeren Gegenständen wie Bodenvasen, Topfständern, Schreibtischgarnituren usw. zusammenstellen.

Eingekerbte oder als Hochrelief aufgetragene Dekoration macht sich gut auf solchen einfachen, ausdrucksstarken Gefäßen.

# In der Hand geformte Gefäße

Die Freude am direkten Umgang mit Ton erlebt man am reinsten, wenn man ohne jedes Hilfsmittel Schälchen aus kleinen Tonklumpen in der Hand formt. Dank ihrer Unmittelbarkeit eignet sich diese Technik besonders gut zum Kennenlernen der vielen Eigenschaften von Ton. Allerdings ist es trotz dieser Unmittelbarkeit keineswegs einfach, ein vernünftiges Gefäß zu formen. Die Koordination von Hand und Auge und die richtige Einschätzung des erforderlichen Drucks brauchen Übung. Wenn deshalb Ihre ersten Schälchen in sich zusammenfallen, geht es Ihnen nicht anders als den meisten Anfängern. Nehmen Sie in diesem Fall etwas weicheren oder härteren Ton.

## Vorbereitungen

Nehmen Sie mittelweichen, gut aufbereiteten Ton und beginnen Sie mit kleinen Kugeln von etwa 50 Gramm – etwa die Größe eines Golfballs. Versuchen Sie, möglichst vollkommen runde Kugeln zu formen, ohne die Masse zu lange zu bearbeiten. Durch die Wärme der Hände trocknet der Ton an der Außenseite leicht aus und bekommt Risse.

Wenn dies eintritt, haben Sie zu lange an einem Stück herummodelliert. Versuchen Sie dann, rascher zu arbeiten. Abhilfe läßt sich aber auch dadurch schaffen, daß Sie ihre Hände (aber nicht den Ton) regelmäßig mit Wasser anfeuchten.

## Arbeitsweise

Legen Sie die Tonkugel auf Ihre linke Hand, und drücken Sie mit dem rechten Daumen in der Mitte ein Loch hinein, das Sie langsam und vorsichtig so weit vertiefen,

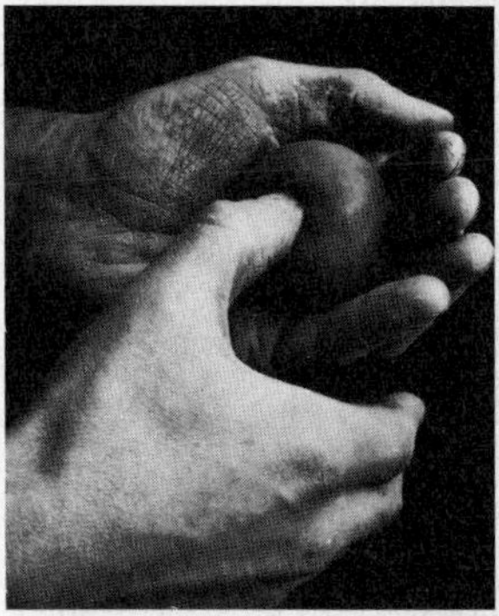

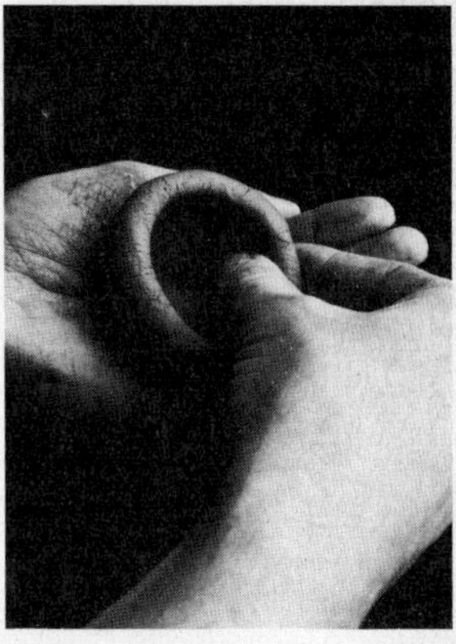

daß der Boden schließlich nur noch 5 mm dick ist. Zum Anfertigen der Wandungen drücken Sie den Ton sachte zwischen dem Daumen innen und den Fingern außen, wodurch er nach oben und außen getrieben wird.

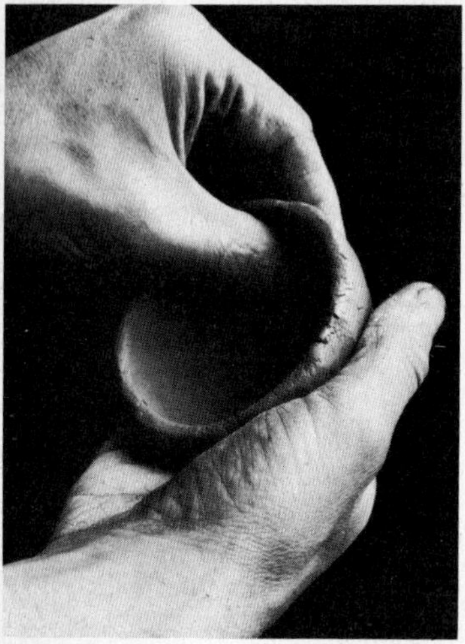

Drehen Sie das Schälchen bei der Arbeit in der Hand. Versuchen Sie, stets denselben Druck auszuüben, sonst wird das Schälchen unrund und läßt sich nur noch schwer bearbeiten. Probieren Sie verschiedene Stellungen von Fingern und Händen aus, bis Sie diejenigen gefunden haben, die Ihnen am meisten zusagen. Es gibt keine einzig richtige Methode – es liegt bei Ihnen, diejenige zu finden, die für Sie die beste ist.

Lassen Sie den Rand zunächst etwas dicker, als er am Schluß werden soll; so bekommt der Ton keine Risse, und außerdem bleibt das Schälchen besser in Form. Sie können ihn später immer noch dünner machen. Die Wandung sollte nach Möglichkeit rundherum dieselbe Stärke haben. Manche Töpfer machen die Wandungen solcher Schälchen so dünn wie Eier- oder Kokosnußschalen.

## Größere Gefäße

Wenn Sie das Gefühl haben, daß Sie im Formen kleiner Schälchen hinreichend geübt sind, können Sie sich an etwas größere Gefäße wagen; ein Tonbatzen von Tennisballgröße ist für ein in der Hand geformtes Gefäß schon recht groß. Sie müssen Ihre Technik für den größeren Klumpen wahrscheinlich etwas verändern. Wird das Gefäß zu schlaff, fangen Sie am besten noch einmal von vorn an.

Bei aller scheinbaren Leichtigkeit muß man doch viel Sorgfalt und Geduld aufbringen, um wirklich annehmbare Ergebnisse zu erzielen. Sehr dünne Wandungen kann man auch dadurch erzielen, daß man den Ton mit einem Bügelsägeblatt abarbeitet.

## Dekoration

Die kleinen handgeformten Schälchen brauchen eine angemessene Verzierung. Tun Sie also des Guten nicht zuviel. Ein angesetzter Fuß kann sehr apart wirken, muß aber den Proportionen des Schälchens entsprechen.

Gleichgroße Schälchen kann man Rand auf Rand zu scheinbar massiven Eiformen zusammensetzen, die als Briefbeschwerer dienen oder zu Tierfiguren weiterbearbeitet werden können. Auch kugelförmige Gefäße lassen sich in dieser Technik anfertigen.

Als plastischen Dekor können Sie Muster aus kleinen Löchern anbringen oder den Ton bemalen. Ihrer Phantasie sind da fast keine Grenzen gesetzt.

Eine andere Möglichkeit ist das Polieren der Gefäße, so daß sie eine glänzende Oberfläche bekommen. Dazu reiben Sie das Gefäß im lederharten Zustand mit einem glatten Werkzeug oder Kieselstein ab. Dadurch werden die Tonteilchen zusammengepreßt, und die Oberfläche erhält einen matten Schimmer, der erhalten bleibt, falls das Gefäß nicht glasiert wird.

In die polierte Oberfläche können Sie dann noch zarte Muster einkratzen, aber auch dafür gilt die Regel, daß weniger meist mehr ist. Ein schlichtes kleines Schälchen, das sich angenehm anfaßt, ist schon eine respektable Leistung.

Die Abbildung unten zeigt eine Auswahl in der Hand geformter Gefäße vor dem Brennen.

# Gefäße in Wulsttechnik

Die Wulsttechnik ist das vielseitigste Verfahren zum Aufbau von Tongefäßen. Die fertigen Stücke können fast jede Größe haben, vom Eierbecher bis hin zu riesigen Wein- und Ölkrügen. Auch die Formen können sehr vielfältig sein – symmetrisch und rund, oval, quadratisch, rechteckig und jede erdenkliche Kombination. Diese Mannigfaltigkeit kann geradezu verwirrend sein, aber sie entspringt den vielen möglichen Varianten der Wulsttechnik. Die Grundtechnik besteht darin, daß man Tonröllchen oder -wülste übereinanderlegt und die Fugen verstreicht, so daß Wandungen entstehen. Die hier geschilderte Methode läßt sich besonders gut individuellen Vorstellungen anpassen.

***Werkzeuge***

*Sie brauchen nur wenige Geräte, weil Ihre Finger die vielseitigsten und praktischsten Werkzeuge sind. Sie können das Gefäß aber auf einem Brettchen aufbauen, und eine Ränderscheibe erleichtert das Legen der Windungen.*

**Arbeitsweise**

Fertigen Sie zuerst den Boden an, indem Sie Ton zu einer etwa 10 mm dicken Scheibe ausrollen oder schlagen. Schneiden Sie den Boden in der gewünschten Form und Größe aus, entweder nach einer Schablone oder mit einem Messer auf der rotierenden Ränderscheibe.

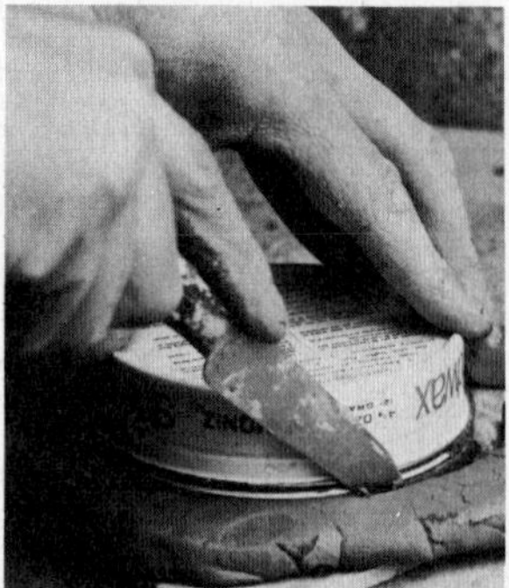

Zum Ausrollen der Wülste brauchen Sie eine große Arbeitsfläche. Formen Sie zunächst etwa 2,5 cm dicke Walzen aus dem Ton; die Enden sollen spitz zulaufen, damit beim weiteren Ausrollen keine Luft eingeschlossen wird.
Rollen Sie anschließend mit den ganzen Handflächen, die dabei parallel zur Tischplatte bleiben müssen, die Wülste aus, und zwar von der Mitte der Walze aus nach außen. Für ein etwa 30 cm hohes Gefäß müssen die Wülste ungefähr 1 cm dick sein. Legen Sie den ersten Wulst genau auf

*Nigerianischer Steinzeugtopf, aus Wülsten aufgebaut und mit einem traditionellen nigerianischen Ritzdekor verziert.*

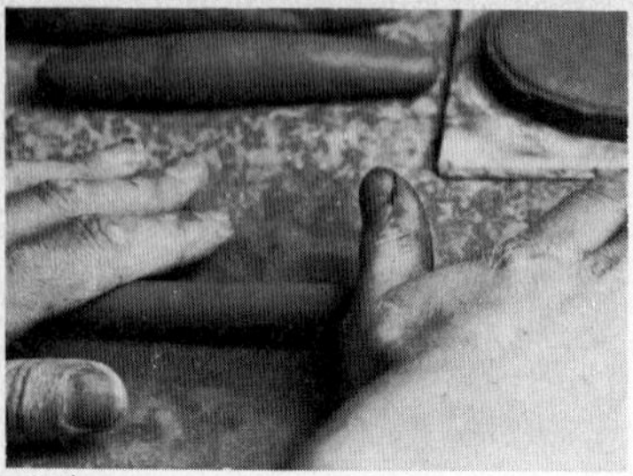

den Rand des Bodens, flachen Sie das Ende ab und drücken Sie es sorgfältig fest. Verstreichen Sie den Wulst außen und innen mit dem Boden. Legen Sie den nächsten Wulst auf, und verfahren Sie wie beschrieben, bis etwa sechs Ringe übereinander liegen.

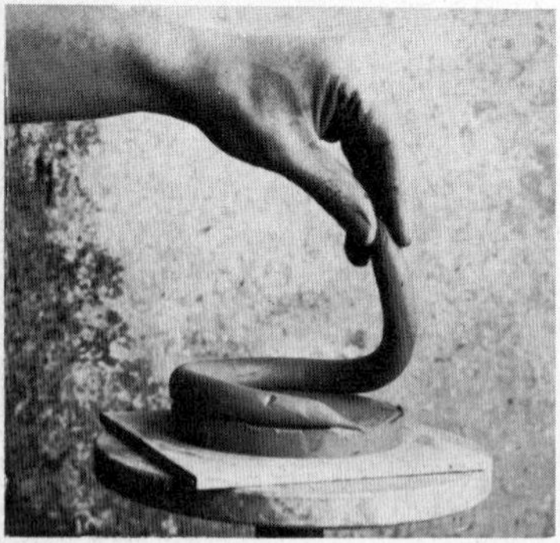

Prüfen Sie jetzt, ob die Form des entstehenden Gefäßes gleichmäßig ist. Korrigieren Sie notfalls durch Drücken von innen oder leichtes Klopfen von außen. Wirkt das Gefäß nach den ersten Wülsten etwas schlaff, dann lassen Sie es ein bißchen härter werden. Auf lederhartem Ton lassen sich keine Wülste mehr anbringen, also nicht zu trocken werden lassen, falls Sie noch weiterbauen wollen.

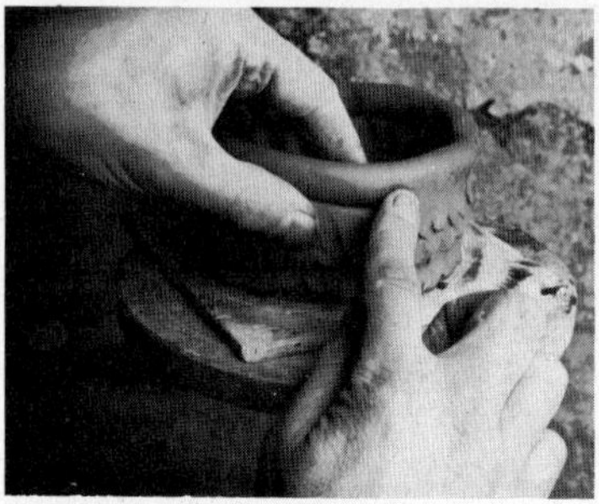

Wenn das Gefäß die gewünschte Form erreicht hat, können Sie die Oberfläche so lassen wie sie ist oder auch glätten. Dazu müssen Sie die gezahnte Seite eines Bügelsägeblattes schräg über die Windungen ziehen. Die Zahnspuren lassen sich mit der anderen Seite des Blattes verstreichen.

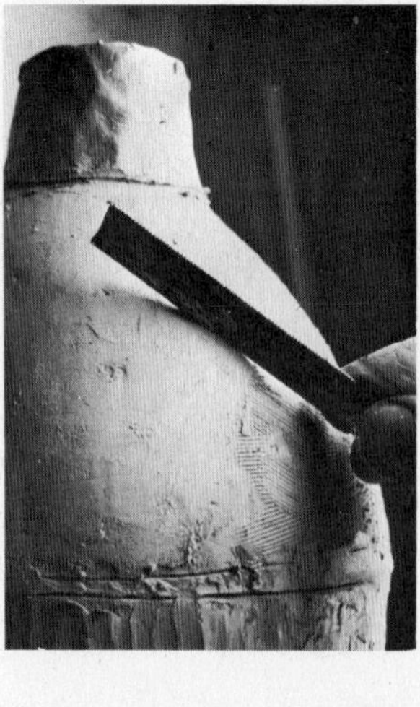

# Gefäße in Preßformtechnik

Preßformen aus Gips sind erst in jüngerer Zeit in Gebrauch gekommen und stellen einen großen Fortschritt in der keramischen Technik dar. Sie erlauben es dem Töpfer, Gegenstände fast jeder erdenklichen Gestalt zu entwerfen und auszuführen. Auf dieser Doppelseite wird geschildert, wie man eine Einpreßform aus Gips in einem Stück herstellt und den Ton in Plattenform einpreßt. Mit einer Preßform lassen sich selbstverständlich mehrere gleiche Gefäße herstellen.

**Anfertigen der Preßform**
Formen Sie als erstes ein Modell des gewünschten Gefäßes aus ungemagertem Ton. Beginnen Sie mit einem einfachen Entwurf und schneiden Sie eine Schablone des Gefäßbodens aus Pappe aus. Bauen Sie darauf das Tonmodell auf. Rechnen Sie für das fertige Gefäß eine Schwindung von 8–10% ein. Für den Anfang empfiehlt sich ein einfacher ovaler oder rechteckiger Entwurf – etwa 20 cm breit und 5 cm tief. Lassen Sie die Seiten schräg nach innen abfallen. Glätten Sie die Seiten vor dem Gießen mit einem Bügelsägeblatt. Das Modell sollte keine Fehler aufweisen, weil diese natürlich auf die Gipsform übertragen werden.
Legen Sie das Modell auf eine Glasscheibe, und umgeben Sie es mit Wänden, im seitlichen Abstand von 5 cm und mit einer Höhe von 7 cm über dem höchsten Punkt des Modells. Die Wände können aus Ton, Holz, Linoleum oder Plexiglas bestehen. Dichten Sie alle Fugen mit Ton ab. Setzen

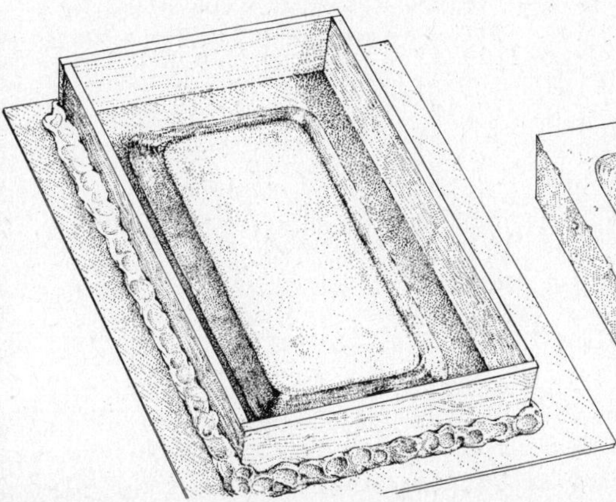

Sie den Gips nach der Anleitung auf S. 49 an, und zwar lieber etwas zuviel als zuwenig.
Gießen Sie den Gips kurz bevor er abbindet über das Modell, so daß er über dessen Oberkante eine 5 cm dicke Schicht bildet. Wenn der Gips hart geworden ist (etwa nach zwei Stunden), nehmen Sie das Modell aus der Form.
Mit Gips verunreinigter Ton ist nicht mehr zu gebrauchen und muß weggetan werden. Grate an der Form lassen sich mit einer groben Feile beseitigen, aber dabei dürfen die Kanten nicht beschädigt werden. Die Form etwa eine Woche austrocknen lassen.

## Einpressen des Tons

Die Tonplatten für das Gefäß kann man in einer der schon beschriebenen Techniken anfertigen. Die Platte muß noch im weichen Zustand in die Form gelegt werden, weil sie sonst beim Andrücken reißt. Schneiden Sie die Platte annähernd auf die richtige Größe zurecht, legen Sie sie auf die gestreckte Hand, und senken Sie sie langsam ab. Drücken Sie die Kanten vorsichtig an, damit der Ton die Form vollständig ausfüllt. Man kann diesen auch mit einem feuchten Schwamm andrücken; er darf keine Dellen bekommen, denn die lassen sich nicht mehr glätten.

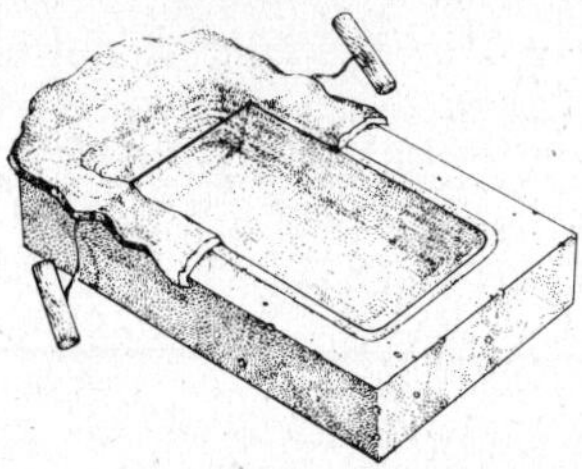

Nun können die Ränder abgearbeitet werden. Ziehen Sie dazu einen Abschneidedraht wie abgebildet über die Oberkante der Form. Es müssen saubere Schnittflächen entstehen, die sich noch zusätzlich mit dem Finger glätten oder mit in einem Zug geführten Schwamm abrunden lassen (mehrmaliges Absetzen würde Spuren hinterlassen). Mit

einem Modellierholz läßt sich ein einfaches, doch wirkungsvolles Muster am oberen Rand der Schale eindrücken.

# Dekorieren mit Engoben (Schlicker)

Das Färben und Bemalen von Töpferwaren mit verschiedenfarbigem dünnflüssigem Ton (Schlicker oder Engobe) ist wahrscheinlich fast so alt wie die Töpferei selbst. Das sorgfältige Zubereiten und Auftragen von Schlikker, der mit Oxiden gefärbt war, wurde jedoch im 17. und 18. Jahrhundert in England zu einer Kunst entwickelt. Der Schlikker wurde mit viel Geschick auf die lederharten Gefäße aufgetragen oder gegossen, und die so entstandenen Dekore erregen noch heute Bewunderung.

**Aufbereiten der Engobe**

Wiegen Sie die Zutaten ab, geben Sie sie in Wasser, und lassen Sie das Ganze etwa 12 Stunden stehen. Anschließend gut durchrühren und zweimal durch ein Sieb

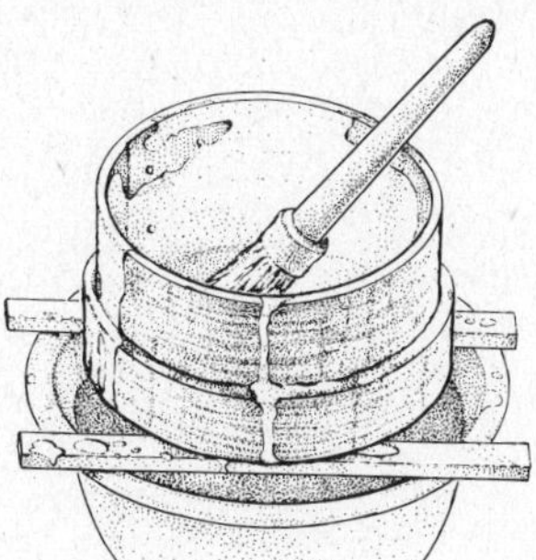

passieren. Engobe sollte sahneähnliche bis dickflüssige Konsistenz haben; überschüssiges Wasser kann abgegossen werden, wenn sich die Engobe gesetzt hat. Die Engobe vor dem Auftragen stets gut umrühren.

Die einfachste Art des Auftrags von Engobe ist das Tauchen der lederharten Gefäße. Halten Sie das Gefäß verkehrt herum senkrecht, und tauchen Sie es vorsichtig in die Engobe ein. Die eingeschlossene Luft hält dabei die Innenseite von Engobe frei. Falls Sie auch die Innenseite mit Engobe überziehen wollen, tun Sie dies zuerst (durch Eingießen) und lassen Sie die Engobe trocknen, bevor Sie die Außenseite engobieren. Frisch getauchte Gefäße sind relativ weich und müssen vorsichtig behandelt werden.

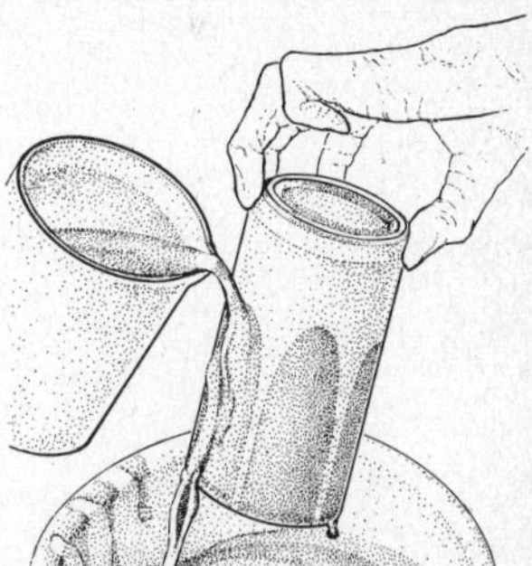

**Begießen mit Engobe**

Man kann die Außenseite der Gefäße auch mit Engobe begießen. Dadurch entstehen dekorativ verlaufende Spuren.

***Werkzeuge***
*Für die Engobe- bzw. Schlickermalerei brauchen Sie mehrere Instrumente. Das Malbällchen selbst muß eine feine Tülle haben und aus flexiblem Gummi oder Kunststoff bestehen. Praktisch ist ein Klistierbällchen, das es in Apotheken zu kaufen gibt. Eine zusammendrückbare Plastikflasche mit einer spitz zulaufenden Tülle ist ebenfalls geeignet. Zum Ansetzen der Engobe brauchen Sie zwei Eimer, ein feines Sieb (Gewebe Nr. 80), Rührstäbe und eine harte Bürste.*

***Rezepte für Engoben***
*Die Hauptbestandteile sollten 100 Gewichtseinheiten ergeben. Farbzusätze werden dazugegeben.*

***Rote Engobe***

| | |
|---|---|
| *Roter Ton* | *100* |

***Weiße Engobe***

| | |
|---|---|
| *Feldspat* | *20* |
| *Ball Clay* | *25* |
| *Kaolin* | *35* |
| *Feuerstein* | *20* |

***Schwarze Engobe***

| | |
|---|---|
| *Roter Ton* | *100* |
| *Eisenoxid* | *6* |
| *Manganoxid* | *3* |
| *Kobaltoxid* | *2* |

## Bemalen mit Engobe (Schlickermalerei)

Das Bemalen mit Engobe ist eine sehr dankbare Technik; wenn Sie erst einmal einige Übung besitzen, können Sie viel Spaß daran haben. Nehmen Sie etwas dickflüssigere Engobe und rühren Sie sie gut um. Füllen Sie das Malbällchen (Malhorn) mit Engobe, und üben Sie das Auftragen zunächst auf einer anderen Oberfläche. Halten Sie das Bällchen mit der Tülle dicht über die Oberfläche, so daß die Engobe ausfließt. Der Dekor kann auf lederharte Oberflächen aufgetragen werden oder auch auf frisch mit Engobe überzogene Gefäße; im letzteren Fall sinkt die Bemalung ein. Eine traditionelle Technik ist die Federmalerei; hierbei werden parallel aufgetragene Linien mit einer Borste seitlich verstrichen.

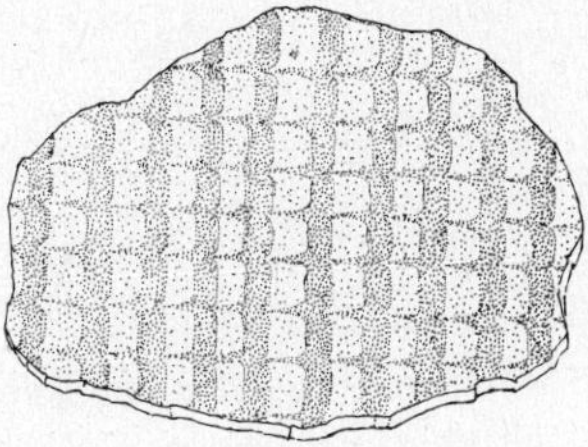

Sie können auch Tonplatten mit Engobe dekorieren und dann im lederharten Zustand in der Plattentechnik verarbeiten.

## Die zwei Grundverfahren beim Auftragen

Es gibt zwei Grundverfahren der Engobe- bzw. Schlickermalerei: Naß auf Naß oder Naß auf Trokken. Bei der ersten Methode wird der noch feuchte Schlickerüberzug entweder mit einem Kamm oder den Fingern gemustert, oder man trägt andersfarbige Engobe auf, die dann in den nassen Überzug einsinkt. Bei der zweiten Methode wird etwas dickflüssigere Engobe mit dem Malbällchen oder in Verblastechnik auf trokkenen (lederharten) Ton aufgetragen. Dieses Verfahren wandte die Familie Toft an (S. 26). Experimentieren Sie mit beiden Verfahren, um die verschiedenen Effekte kennenzulernen.

## Buchstaben

Das Engobieren lederharter Tonplatten kann eine wirkungsvolle und ansprechende Art der Dekoration sein.

Hier wurden Buchstaben und Zahlen aus dicken Tonplatten ausgeschnitten und in Verblastechnik mit Engobe dekoriert. Zur Anbringung solcher Buchstaben und Zahlen an einer Mauer müssen Sie die Löcher für die Schrauben in den lederharten Ton bohren.

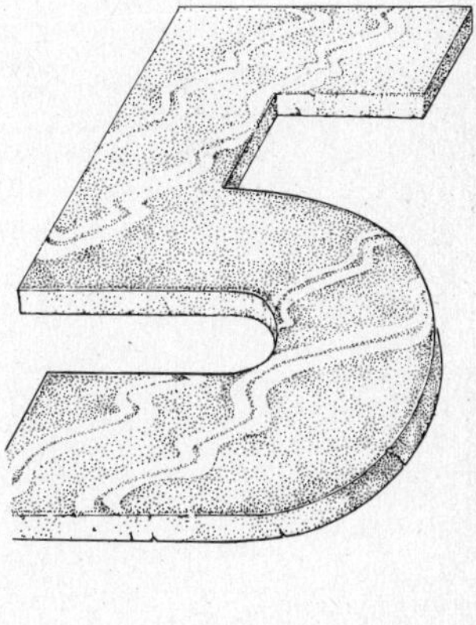

# Farbige Tone und ihre Verwendung

Tone von unterschiedlicher Farbe, beispielsweise rötliche und cremefarbene Massen für Irdenware, kommen in der Natur vor, aber viele Farben kann man nur dadurch erzielen, daß man einem hellen Ton geeignete Farbstoffe zusetzt. Als achatfarbene Keramik bezeichnet man Gefäße, die aus teilweise vermengten verschiedenfarbigen Tonen hergestellt sind, so daß die verschiedenen Farben an der Oberfläche sichtbar sind. Solche Gefäße brennt man am besten bei Irdenware-Temperaturen, weil es dafür mehr Tone in kräftigen Farben gibt. Für Steinzeug-Temperaturen geeignete Massen gibt es meist nur in gedämpfteren Farben, und die Palette ist nicht so breit.

**Einarbeiten der Farbe**

Die Farbe wird einer hellfarbigen Masse in Form von Pulver zugesetzt, das in Spezialgeschäften erhältlich ist. Man kann von diesem Farbkörper 10 bis 15% der Tonmenge nehmen; geringere Mengen führen zu blasseren Farben.

Wiegen Sie den recht weichen Ton und das Farbpulver ab. Schneiden Sie den Tonklumpen mehrfach ein und schütten Sie in jeden Einschnitt etwas Farbe, bis die gesamte Menge verbraucht ist. Schlagen und kneten Sie den Ton, bis die Masse gleichmäßig eingefärbt ist.

**Marmorierter Ton**

Marmorierten Ton erhält man, indem man dünne Platten verschie-

denfarbiger Tone übereinandergelegt und den Klumpen dann teilweise verknetet.

Nehmen Sie dafür nur Tone gleicher Konsistenz, weil sonst durch ungleichmäßige Trocknung Risse auftreten können. Durch zu langes Kneten werden die Farben vollständig vermischt. Zur Prüfung können Sie mit dem Abschneidedraht eine Ecke von dem Klumpen abschneiden.

## Gestreifter Ton

Schneiden Sie mit dem Draht Platten von verschiedenfarbigen Tonklumpen und setzen Sie sie in jeder gewünschten Anordnung zusammen. Achten Sie darauf,

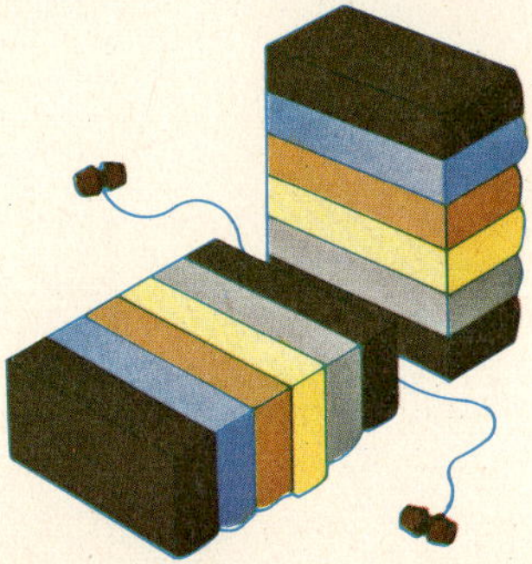

daß zwischen den Platten keine Luft eingeschlossen wird. Bauen Sie den Block sorgfältig auf, denn er darf ja nicht geschlagen oder geknetet werden. Zerschneiden Sie ihn dann quer in Platten.

## Ton mit Würfelmuster

Schlagen Sie farbigen Ton zu einem rechteckigen Block auf. Schneiden Sie den Block mit dem Abschneidedraht (S. 47) in gleichstarke Platten, stellen Sie ihn aufrecht, so daß die Schnittflächen senkrecht verlaufen, und wiederholen Sie den Schneidevorgang. Dadurch erhalten Sie Stäbchen mit quadratischem Querschnitt, die Sie mit gleichgroßen, auf dieselbe Art hergestellten andersfarbigen Stäbchen zu einem Block mit Schachbrettmuster kombinieren können.

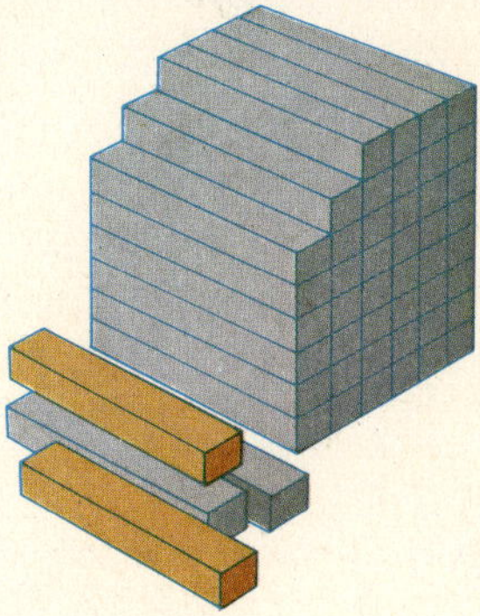

## Andere Muster

Sobald man sich die Grundtechnik angeeignet hat, kann man farbige Tone auch auf vielerlei andere Arten kombinieren. Beispielsweise kann man aus mehrschichtigen Tonplatten Rollen formen und diese neu zusammensetzen.

## Mit farbigen Tonen formen

Grundsätzlich kann man für jede der in diesem Teil des Buches beschriebenen Techniken der Formgebung auch farbige Tone nehmen. Beispielsweise kann man zum Handformen von Schälchen eine aus mehrfarbigen Tonen gerollte Kugel nehmen. Beim Formen kommen dann die verschiedenen Farben in unregelmäßigen Mustern an die Oberfläche. Auch für die Platten-, Wulst- und Ausformtechnik sowie für gedrehte Gefäße (Töpferscheibe) kann man farbige Tone nehmen.

## Oberflächenbearbeitung

Die Oberfläche von Gefäßen aus verschiedenfarbigen Tonen ist oft verschmiert und muß erst gesäubert werden, damit die Farben zum Vorschein kommen. Warten Sie damit, bis das Gefäß trocken ist; reiben Sie dann die Oberfläche vorsichtig mit feiner Stahlwolle ab. Damit der abgeriebene Staub nicht umherfliegt, geben Sie ihn in eine Schüssel mit Wasser. Allmählich wird das Muster sichtbar werden. Glasieren Sie das Gefäß zum Schluß mit Transparentglasur.

# Töpfern auf der Töpferscheibe

Das Drehen von Gefäßen auf der schnell rotierenden Töpferscheibe ist eine Technik, die kinderleicht aussieht, wenn sie von einem erfahrenen Töpfer ausgeführt wird. Tatsächlich muß man aber sehr lange üben, um diese Kunst auch nur einigermaßen zu beherrschen. Lassen Sie deshalb den Mut nicht sinken, wenn Sie nicht gleich mit Ihren ersten Versuchen Erfolg haben. Kurzes, regelmäßiges Üben ist besser als stundenlanges Üben in großen Zeitabständen.

## Drehen

Ein Buch kann niemals den Unterricht bei einem guten Lehrer oder auch nur das Beobachten eines Töpfers bei der Arbeit ersetzen. Aber es kann die einzelnen Stadien des Drehvorganges beschreiben, so daß der Leser sie wiedererkennt, wenn er einem Töpfer an der Töpferscheibe zuschaut. Auf den folgenden Seiten werden die wichtigsten Arbeitsgänge, vom Zentrieren bis zum Abdrehen, eingehend beschrieben.

## Die elektrische Töpferscheibe

Es gibt zwei Hauptarten von Töpferscheiben, elektrische und fußgetriebene. Die elektrische Töpferscheibe wird von einem Elektromotor angetrieben, dessen Geschwindigkeit meist durch ein Fußpedal geregelt wird.
Eine gute elektrische Töpferscheibe dreht sich mit langsamer, gleichmäßiger Geschwindigkeit, die jedoch auch erhöht werden kann. Moderne elektrische Töpferscheiben sind leicht gebaut und vermögen trotzdem einen schweren Tonklumpen ohne Drehmomentsverlust zu tragen. Das ist einer der Vorteile der elektrischen Töpferscheibe. Sie verfügt außerdem über Bedienungselemente, die dem Töpfer viel Spielraum gewähren.
Elektrische Töpferscheiben gibt es etwa ab 800 Mark. Billigere Modelle sind meist zu leicht gebaut und nicht zu empfehlen. Für den Anfänger ist die elektrische Töpferscheibe ideal. Er kann sich ganz auf das Drehen konzentrieren und ermüdet längst nicht so schnell wie bei der fußgetriebenen Scheibe. Der elektrische Anschluß muß den Sicherheitsvorschriften entsprechen; notfalls einen Elektriker um Rat fragen.

## Die fußgetriebene Töpferscheibe

Auf der fußgetriebenen Scheibe arbeitet es sich langsamer. Sie ist mit einem schweren Schwungrad ausgerüstet, das entweder (wie beim englischen *kickwheel*) mit einem Tretbrett oder direkt mit dem Fuß in Bewegung gesetzt

*Eine kleine Schüssel aus Irdenware von Paul Philp. Verschiedenfarbige Tone wurden in Schichten übereinandergelegt, in eine Hohlform gedrückt und mit Transparentglasur versehen.*

*In dem hier beginnenden Teil über das Drehen wird beschrieben, wie all diese Gefäße auf der Töpferscheibe hergestellt werden, vom Zylinder als Grundform bis hin zu der Suppenterrine. Sie wurden alle bei Steinzeug-Temperatur (1260°C) gebrannt. Der Krug hat eine braune temmoku-Glasur (S. 109). Die flache Schale ist mit Oxidfarben verziert, die auf die ungebrannte Glasur aufgetragen wurden. Der Schöpflöffel in der Terrine ist aus zwei Teilen zusammengesetzt.*

***Werkzeuge***

*Die Werkzeuge für das Drehen sollen „maßgeschneidert" sein, weil sie gewissermaßen als Verlängerungen der Finger und Hände des Töpfers dienen. Unentbehrlich sind ein guter Naturschwamm, ein gezwirnter (aus zwei Drähten verdrillter) Abschneidedraht, eine Schüssel mit Wasser, ein Schwamm mit einem Stiel zum Auswischen enghalsiger Gefäße und ein hölzernes Werkzeug zum Säubern der Gefäßböden. Zum Abdrehen brauchen Sie ein Abdreheisen aus dreieckig gebogenem Bandstahl mit einem etwa 10 cm langen Griff.*

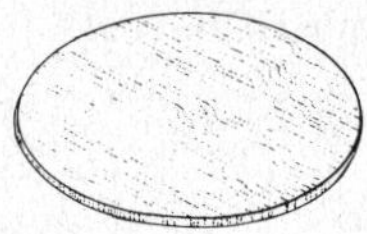

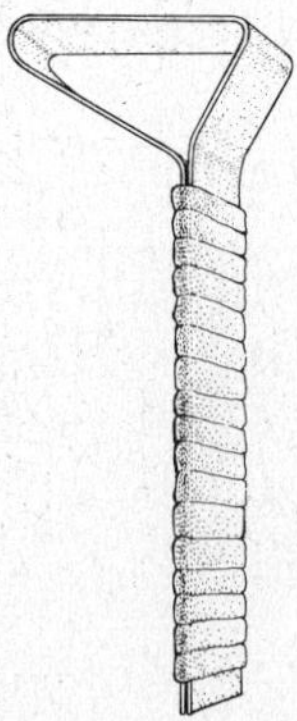

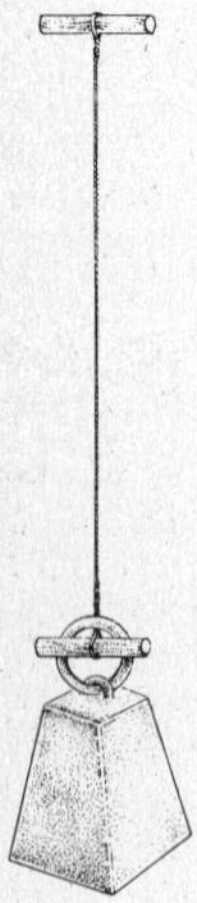

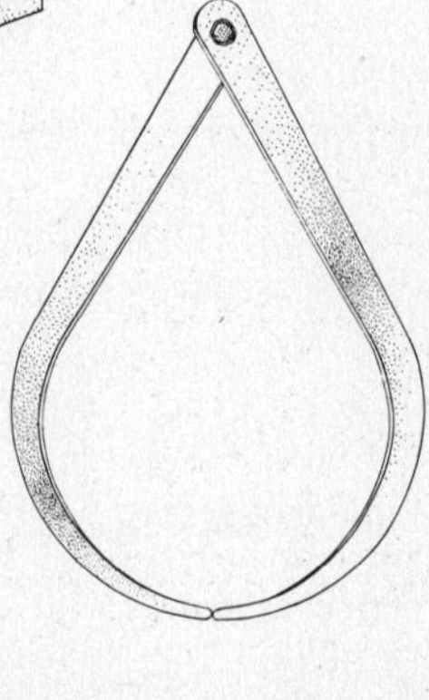

*Dieses Foto zeigt einen Töpfer an einem englischen kickwheel. Das Tretbrett wird mit dem linken Fuß bedient. Fußgetriebene Töpferscheiben erfordern mehr Geschick und Kraftaufwand als elektrische, lassen sich aber feiner regulieren.*

*Diese Keramikfliese aus dem 19. Jahrhundert zeigt einen Töpfer bei der Arbeit an der Töpferscheibe. Einer der beiden Gehilfen treibt die Scheibe an.*

wird (auf dem europäischen Kontinent übliche Art). Bei beiden Typen sitzt der Töpfer; es ist so gut wie unmöglich, im Stehen die Scheibe anzutreiben und gleichzeitig ein Gefäß zu drehen.
Die Vorteile der fußgetriebenen Scheibe sind der leise Lauf und die Möglichkeit, die Geschwindigkeit mit viel Gefühl zu regulieren. Mit der Zeit geht einem die richtige Abstimmung von Rotationsgeschwindigkeit und Dreharbeit in Fleisch und Blut über. Fußgetriebene Töpferscheiben gibt es ab etwa 300 Mark.
Die Wahl der Töpferscheibe ist eine Frage des persönlichen Geschmacks und Arbeitsstils.

## Technik des Freidrehens

Beim Drehen oder „Freidrehen" auf der Töpferscheibe kommt es weniger auf rohe Kraft als darauf an, an der richtigen Stelle Druck auszuüben. Das Grundprinzip ist, daß man der Fliehkraft des rotierenden Tons mit Druck entgegenwirkt. Jeglicher Druck muß sich auf den Mittelpunkt des Tonklumpens richten; gelingt dies nicht, dann gerät der Ton aus der zentrischen Lage und beginnt zu „eiern".
Manche Töpfer nehmen zum Drehen gerne dünnflüssigen Schlikker, andere bevorzugen reines Wasser. Beides sollte man nur sehr sparsam verwenden, denn zuviel Wasser weicht den Ton auf und erleichtert das Drehen nicht. Je länger Sie an einem Gefäß arbeiten, um so weicher wird der Ton. Je rascher Sie arbeiten, um so stabiler wird das Gefäß. Wenn sich das fertige Gefäß schwer vom Scheibenkopf abnehmen läßt, kann das daran liegen, daß Sie zu langsam gearbeitet oder zu weichen Ton genommen haben. Zügiges Drehen ist nur nach langer Übung möglich, sollte aber als Ziel vor Augen stehen.

## Vorbereitungen

Beginnen Sie stets damit, daß Sie Ihren Ton gut schlagen und kneten. Mit schlecht aufbereitetem Ton kann auch der geübteste Töpfer nicht viel anfangen; beispielsweise kann eine plötzlich auftauchende Luftblase ein Gefäß verderben.
Wiegen Sie Ihre Tonklumpen ab, um zu lernen, wieviel Ton Sie für ein Gefäß von bestimmter Größe brauchen. Wiegen Sie sich für den Anfang sechs Klumpen ab, und wickeln Sie sie in Plastikfolie ein, damit sie nicht austrocknen, bis sie verwendet werden.
Lassen Sie die Gefäße langsam und gleichmäßig trocknen; Sie können sie in Blechdosen oder in einen luftdichten, feuchten Schrank stellen. Zugluft bewirkt ungleichmäßiges Trocknen, so daß die Gefäße sich verformen.

# Drehen eines Zylinders

Nutzen Sie jede Gelegenheit, einem Töpfer bei der Arbeit zuzusehen. Achten Sie darauf, wo die Hände den Ton halten, und versuchen Sie, diese Bewegungen einzuüben.

1

**1.** An Werkzeugen brauchen Sie Spachtel, Schwamm und Abschneidedraht. Aus aufbereitetem Ton 500 g schwere Klumpen abwiegen und einen davon mit Wucht auf die Mitte des Scheibenkopfes schlagen. Notfalls in die Mitte schieben.

**2.** Scheibe in Schwung bringen (gegen den Uhrzeiger), die Hände anfeuchten und den Klumpen umfassen. Wasser stets sparsam verwenden. Den Druck allmählich verstärken, bis der Ton zentriert ist und eine hohe Form entsteht.

**3.** Linke Hand um den Ton legen und rechte darüberhalten. An der Kante nach unten und zur Mitte hin drücken, so daß eine halbkugelige Form entsteht.

2

3

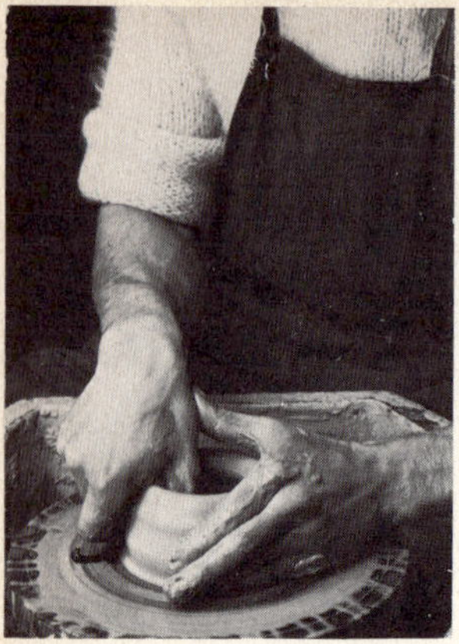

4

6

4. Den Ton mit dem rechten Daumen „aufbrechen“ und erst in der Mitte und dann am Boden weiter öffnen.

5

5. Durch Druck der rechten Hand von außen und der linken von innen die Wandung in Ringen hochziehen.

6. So lange wiederholen, bis ein etwa 13 cm hoher Zylinder entstanden ist. Den Rand abrunden, nicht abflachen.

7

7. Verschiedene Randformen sind möglich. Hier wird er für ein Gefäß verdickt.

8

8. Das fertige Gefäß vom Scheibenkopf abnehmen. Die Scheibe mit Wasser befeuchten und den Draht flach unter dem Gefäß durchziehen.

9

9. Das Gefäß mit dem Spachtel anheben und auf eine glatte, ebene Fläche stellen, bis es lederhart getrocknet ist.

10

10. Jetzt Boden und Wandung des Zylinders abdrehen. Dazu das lederharte Gefäß erneut auf der Scheibe zentrieren (Öffnung nach unten) und mit Tonklümpchen fixieren.

11

11. Die Wandung mit dem Abdreheisen bearbeiten. Die Scheibe muß sich dabei schnell drehen.

12

12. Zum Schluß den Boden aushöhlen, so daß ein Fußring entsteht. Scharfe Kanten mit dem Finger glätten.

# Schüsseln drehen

Unter den einfacheren Formen erfordern Schüsseln wohl das meiste Feingefühl für die Eigenschaften des Tons; eine gute Schüssel ist ausgewogen, nicht zu schwer und nicht zu leicht, und die Wandungen sind von gleichmäßiger Stärke und ohne Dellen und Beulen. Die Abbildung rechts oben zeigt drei verschiedene Grundformen. Die linke Schüssel umschließt gewissermaßen einen Hohlraum, die mittlere wächst empor und die rechte hat eine besonders „anheimelnde" Form. Die Wahl der Form hängt auch von der vorgesehenen Verwendung ab.

1

**1.** Das Drehen einer Schüssel liegt zwischen dem Zylinderdrehen und dem Drehen einer flachen Form. Der zentrierte Ton (hier etwa 500 g) wird mit dem Daumen geöffnet, so daß eine Trichterform mit abgerundetem Boden entsteht.

2

**2.** Die Wandungen hochziehen und am Rand einen Wulst stehenlassen, der später zur Festlegung des endgültigen Durchmessers dient. Nicht zu rasch nach außen ziehen, weil sonst der Ton reißen kann.

**3.** Nach und nach immer mehr Ton vom Boden hochziehen. Der Bodendurchmesser sollte etwa ein Drittel des oberen Durchmessers betragen.

4

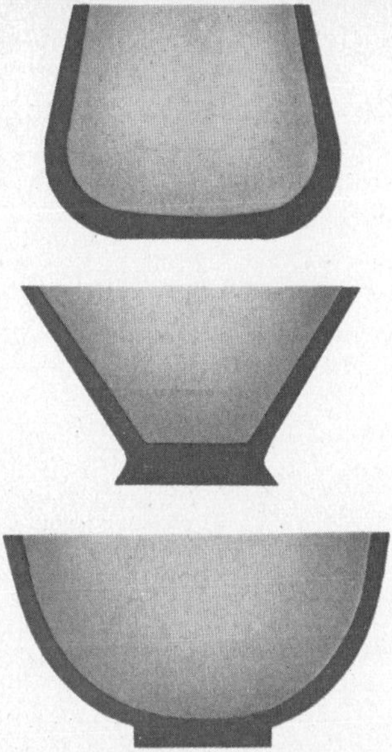

**Verschiedene Schüsselformen**

**4.** Den Rand besonders sorgfältig formen und überschüssigen Tonbrei mit den Fingern abstreifen. Mit den letzten Bewegungen sollte die Schüssel auf den endgültigen Durchmesser geweitet werden.

3

5

**5.** Überschüssiges Wasser im Innern mit einem feinen Schwamm aufnehmen, dann die Oberfläche mit den Fingerkuppen glätten. Dadurch werden Schwammspuren und Schamotte- oder Sandkörnchen verstrichen. Die Schüssel wie gewohnt mit dem Spachtel abheben.

**6**

**6.** Die lederhart gewordene Schüssel wieder auf die Töpferscheibe zentrieren und abdrehen. Die Wandung sollte überall gleich stark sein. Diese Schüssel hier erhält einen recht tiefen Fußring, wodurch sie höher wirkt. Probieren Sie, Schüsseln in verschiedenen Formen zu drehen.

# Flache Gefäße

Man kann gedrehte Tongefäße in zwei Hauptgruppen einteilen: Hohlware und Flachware. Bei Hohlware handelt es sich, wie der Name sagt, um hohle Gefäße mit großem Rauminhalt, deren Grundform der Zylinder ist. Flachware umschließt hingegen keinen oder nur wenig Hohlraum und bezeichnet Gegenstände wie Teller und Schalen. Beim Drehen sind zwei verschiedene Techniken erforderlich, vor allem im Anfangsstadium, wenn der Ton zentriert und aufgebrochen wird. Beim Zylinder gleicht der zentrierte Tonklumpen einem Pilz, dessen ,,Stiel" den Durchmesser des Zylinders hat; aus dem ,,Hut" werden die Wandungen gedreht. Für flache Gefäße wird der Ton konkav zentriert und mit dem Handballen geöffnet.
Bei allen flachen Gefäßen muß der Ton am Boden zusammengepreßt werden, damit er sich beim Brennen nicht wirft. Die Wandungen werden beim Drehen zusammengedrückt; bei der Grundfläche muß man sehr genau darauf achten, daß sie massiv wird.

**1.** Pfundschwere Klumpen von etwas härterem Ton als beim Zylinderdrehen abwiegen. Durch Hochziehen und Herunterdrükken zentrieren. Den zentrierten Ton mit dem rechten Handballen öffnen und mit der linken Hand das Ausflachen des Tons regulieren.

**2.** Jetzt werden die Wandungen andeutungsweise geformt. Vom Boden hängt der Gesamtdurchmesser des Gefäßes ab, hier etwa 12,5 cm. Die Wandungen werden genauso wie beim Zylinder hochgezogen.

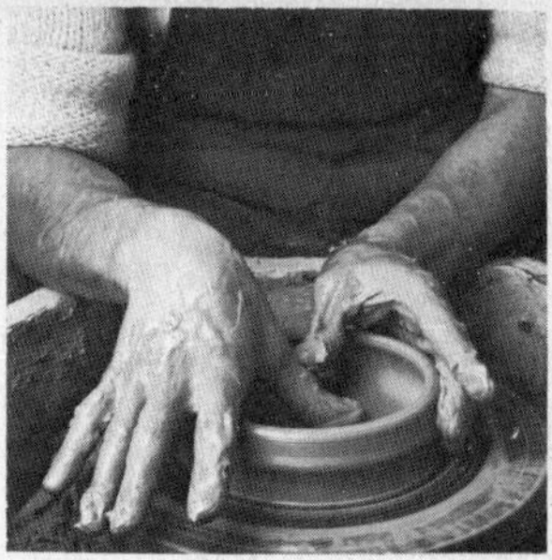

**3.** Der Boden jedes flachen Gefäßes muß gedrückt werden, damit er flach und fest wird. Dazu mit dem Daumen fest über den ganzen Boden fahren. Diesen Vorgang zwei- bis dreimal wiederholen.

**4.** Die hochgezogenen Wandungen können mit einem Modellierholz geglättet werden. Aus der hier verwendeten Tonmenge läßt sich eine Schale mit 12,5 cm Durchmesser und 2,5 cm Höhe drehen. Den Rand mit den Fingern glätten.

**5.** Die geglätteten Seiten lassen sich noch durch Linien verzieren, die mit einem spitzen Werkzeug eingeritzt werden.

**6.** Die fertige Schale läßt sich mit dem Spachtel vom Scheibenkopf abheben; bei Gefäßen mit größerem Durchmesser ist das jedoch nicht mehr möglich. Die lederhart getrocknete Schale wird auf dieselbe Weise abgedreht wie ein Zylinder.

# Schnauzen und Henkel

## Schnauzen

**1.** Schnauzen werden bei Krügen sofort nach dem Drehen geformt. Bei diesem Krug erlaubt der dikke Rand das Formen einer größeren Schnauze. Erst den Rand zwischen Daumen und Fingern hochziehen, damit die Schnauze eine Wölbung nach oben bekommt.

**2.** Die Schnauze von außen mit feuchten Fingern stützen und von innen nach unten drücken.

1

Die Schnauze lieber etwas zu groß anlegen, weil sie beim Schwinden kleiner wird. Im lederharten Zustand mit dem Finger glätten.

## Henkel

**1.** Gezogene Henkel werden aus nicht zu weichem Ton angefertigt, der zu einem langen Strang mit rechtwinkligem Querschnitt geschnitten wurde. Den Strang in Augenhöhe halten und mit der

2

Henkel

1

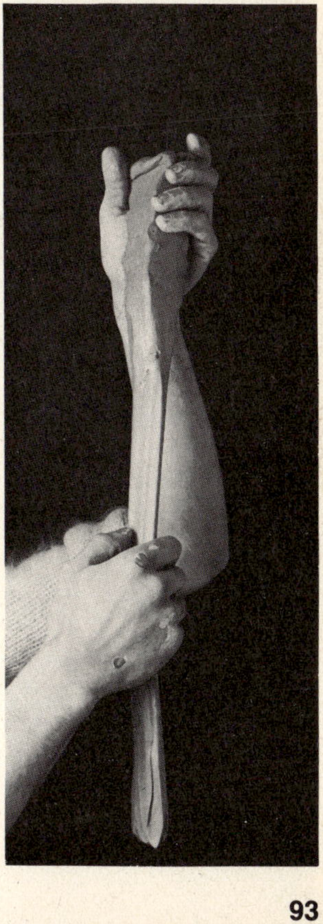

nassen rechten Hand ziehend daran entlanggleiten und das Ende mit den Fingern abzwicken. Der Strang sollte überall gleich breit sein, aber in der Dicke abnehmen.

2

**2.** Die Henkel zum Trocknen auslegen.

3

**3.** Die Ansatzstelle am Krug aufrauhen und mit Schlicker einstreichen. Das breite Ende des Henkels aufstoßen, fest andrükken und verstreichen.

4

**4.** Den Krug waagerecht halten und den Henkel mit der nassen rechten Hand glätten.

5

**5.** Das untere Ende herunterbiegen, fest andrücken und verstreichen.

# Gefäße mit Deckeln

**1.** Für dieses schlichte zylinderische Gefäß wurden 500 g Ton verwendet. Das fertige Gefäß ist etwa 15 cm hoch und 9 cm im Durchmesser. Man sollte hier etwas härteren Ton nehmen als sonst. Den Ton wie beim Zylinderdrehen zentrieren und öffnen, aber am Rand einen starken Wulst für den Deckelfalz stehenlassen. Den Falz etwa in der Mitte des Drehvorganges durch Eindrücken des linken Zeigefingers in den Randwulst formen.

**2.** Den Zylinder fertig drehen. Dann den Rand fertigstellen, der so hoch sein soll, daß der Deckel gut aufsitzt. Auch den Rand innen mit dem Nagel des rechten Zeigefingers ausformen. Er soll an der Außenseite rund und so dick sein, daß er einen guten Abschluß nach oben bildet. Den Durchmesser mit einem Lineal oder einem Greifzirkel abmessen. Das Gefäß wie gewohnt vom Scheibenkopf abnehmen und im lederharten Zustand abdrehen.

## Der Deckel

**1.** Eine Tonmenge von 100 g abwiegen (der Ton muß denselben Zustand haben wie der für das Gefäß). Zentrieren und öffnen, in der Mitte Ton für den Knopf stehenlassen. Bei kleinen Tonmengen arbeitet es sich leichter mit hoher Drehgeschwindigkeit.

## Verschiedene Deckelformen

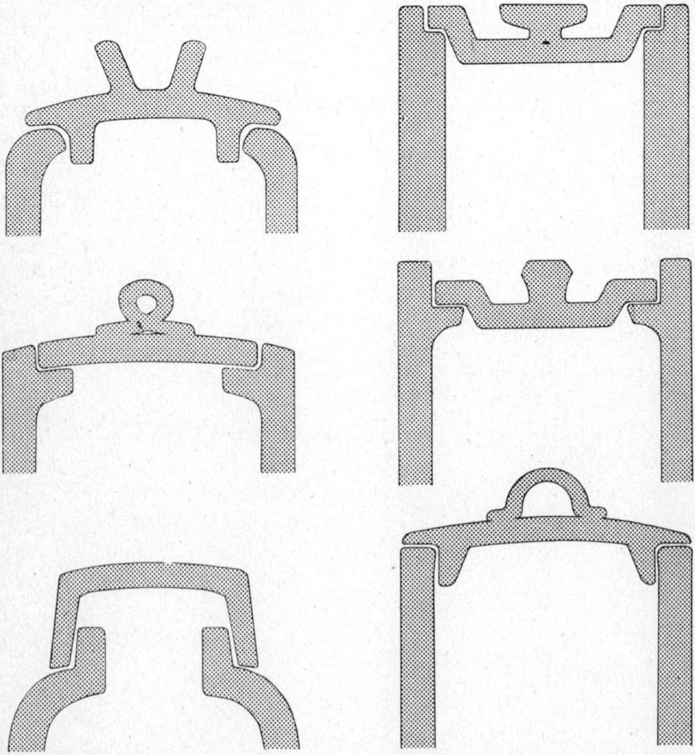

**2.** Weiter öffnen; für den Rand einen Wulst stehenlassen.

**3.** Der Deckel ist fast fertig. Den Rand mit den Fingern der rechten Hand formen. Den Knopf formen.

**4.** Der Deckel muß so gerundet sein, daß er genau auf das Gefäß paßt. Durchmesser mit Lineal oder Greifzirkel prüfen. Ist er zu groß, mit Draht beschneiden. Zum Abdrehen des Deckelbodens den Deckel verkehrt herum auf das auf der Scheibe fixierte Gefäß legen.

# Eine Suppenterrine mit Schüsselchen

Sie sollten die bisher beschriebenen Drehtechniken beherrschen, ehe Sie sich an dieses Projekt wagen. Hier wurde ein zwei Kilo schwerer Tonklumpen verarbeitet, aber Sie können eine Suppenschüssel auch aus einer kleineren Tonmenge drehen. Große Gefäße lassen sich nicht ohne weiteres vom Scheibenkopf abnehmen und müssen deshalb auf einer Unterlegplatte aus starkem Sperrholz oder Hartholz gedreht werden. Diese wird mit Ton auf dem Scheibenkopf fixiert und nachher mitsamt dem fertigen Gefäß abgehoben.

1

## Befestigen der Unterlegplatte

2

3

**1.** Einen 600 g schweren Tonklumpen zentrieren und mit der Handkante flachdrücken.

**2.** Mit einem hölzernen Werkzeug konzentrische Rillen in Abständen von 2,5 cm eindrehen und zusätzlich kreuzweise einschneiden, damit die Unterlegplatte nicht anklebt.

**3.** Die Unterlegplatte möglichst genau zentriert auf den Ton setzen und durch einen kräftigen Schlag in die Mitte befestigen.

## Drehen der Terrine

4

**4.** Den Ton zentrieren und aufbrechen; bei größeren Tonmengen muß dies langsam geschehen.

**5.** Die Wandungen möglichst gerade hochziehen, aber für den Deckelfalz einen dicken Randwulst stehenlassen.

**6.** Mit dem linken Zeigefinger den Falz formen. Die Auflage für den Deckel soll großzügig bemessen, der Rand stark und außen rund sein.

5

6

**7.** Erst jetzt der Terrine die endgültige Form geben; Innenseite von Feuchtigkeit befreien und glätten, den Durchmesser mit einem Greifzirkel abmessen und einen Abschneidedraht unter der Terrine durchziehen. Die Unterlegplatte mitsamt der Terrine vom Scheibenkopf abheben.

7

## Der Deckel

**8.** Den Deckel wie eine flache Schale drehen. In der Mitte vertieft lassen und den Rand abrunden.

8

**9.** Den Durchmesser mit dem Greifzirkel prüfen und gegebenenfalls korrigieren. Den Deckel mit dem Draht abschneiden und trocknen lassen.

9

10

*Die fertige Terrine mit den Suppentassen, mit einer matten Dolomit-Glasur bei 1260°C gebrannt. Die Tassen sind stapelbar.*

**10.** Im lederharten Zustand abdrehen und einen Knopf oder einen Henkel angarnieren.

11

12

## Schüsselchen

**11.** Dazu passende Suppentassen können aus 500 g schweren Tonklumpen gedreht werden. Sie werden aufgebrochen wie oben für Schüsseln beschrieben. Am Boden genügend Ton für einen Fußring belassen, und die Form zunächst trichterartig anlegen. Allmählich die Wandung hochziehen, aber erst ganz am Schluß auf den endgültigen Durchmesser öffnen.

**12.** Nun die abschließende Formgebung vornehmen. Im lederharten Zustand abdrehen und den Boden für einen Fußring aushöhlen.

## Ansetzen der Henkel

**13.** Die Henkel wie gewohnt formen; sie sollten überall gleich breit und gleich stark sein. Sie werden nach dem Abdrehen an die lederharten Terrinen angesetzt. Die Ansatzstellen aufrauhen und mit Schlicker bestreichen, die Henkel andrücken und verstreichen.

# Brennofen und Schrühbrand

Mit dem Brand wird die Herstellung von Töpferwaren abgeschlossen. Zur Verwandlung des getrockneten Tons in gebrannte Scherben ist helle Rot- bis Weißglut nötig, und die dafür erforderlichen Temperaturen liegen weit über denen, die ein normaler Küchenherd erzeugt. Man kann sich einen Brennofen selbst bauen, aber elektrische Brennöfen, die an normale Küchenherdanschlüssen angebracht werden können, sind schon für relativ wenig Geld zu haben.

**Ihr eigener Brennofen**

Sie können Ihre Töpferwaren in einer Töpferschule oder bei einem Töpfer brennen lassen, aber mit einem eigenen Brennofen können Sie den Brennvorgang besser kontrollieren. Es gibt Brennöfen in vielen verschiedenen Größen, doch für den Anfang genügt einer mit einer Brennkammer von 30×30×30 cm.

Lassen Sie den Ofen von einem Elektriker anschließen. Die Temperatur im Brennofen wird mit einem Thermoelement und einem

***Brennhilfsmittel***

*Brennhilfsmittel sollten sauber und frei von Glasurtropfen sein. Oben rechts drei Segerkegel mit Sockel. In der Schüssel befindet sich Flintplempe, mit der die Einsetzplatten im Ofen bestrichen werden. Der Dreifuß dient als Stütze für Gefäße aus Irdenware. Die anderen drei Stützen dienen zum Tragen von Einsetzplatten.*

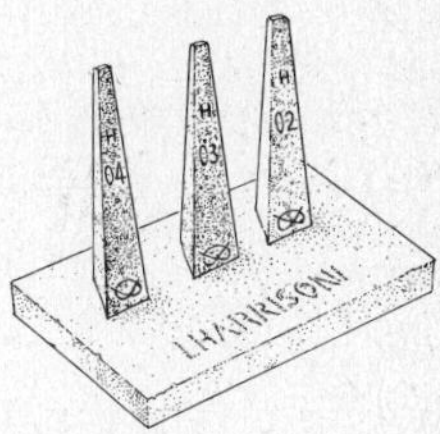

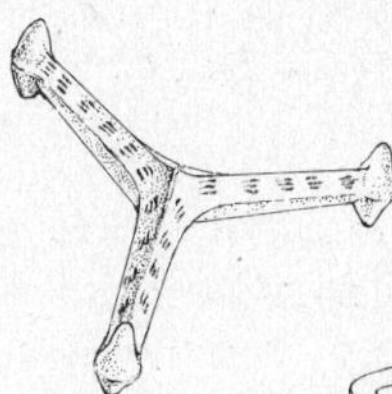

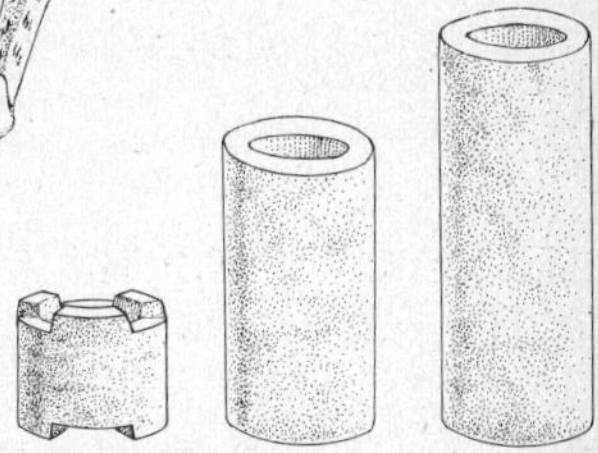

***Brennverlauf***

*1. 0–200°C niedrige Einstellung, Dampfloch offen.*

*2. 200–500°C mittlere Einstellung, Dampfloch offen.*

*3. 500–980°C höchste Einstellung, Dampfloch geschlossen.*

***1.** Temperaturregler*
***2.** Kontrollampe (brennt, wenn der Ofen eingeschaltet ist)*
***3.** Sicherung*
***4.** Elektrische Heizelemente*
***5.** Brenngut*
***6.** Dampfloch, mit Ziegelstein verschlossen*
***7.** Pyrometer*
***8.** Schauloch*

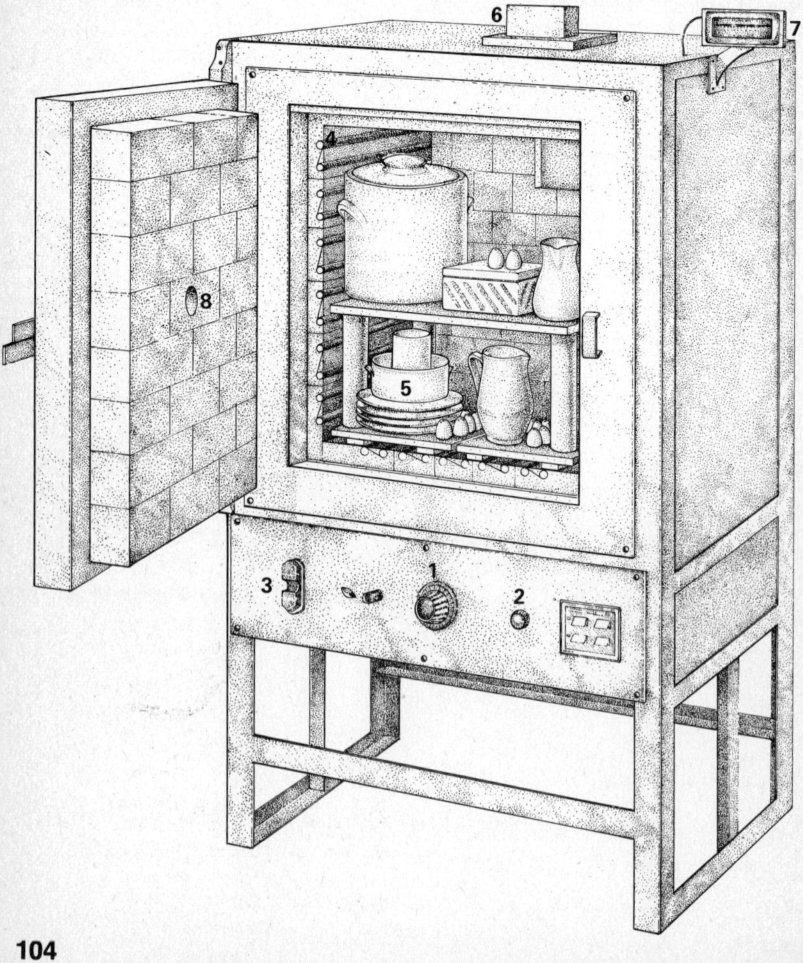

Pyrometer gemessen, einem Meßgerät für hohe Temperaturen.

Führen Sie ein Brennbuch, in das Sie bei jedem Brand die Brenndauer, die Ofeneinstellung und in stündlichen Abständen die Temperatur eintragen. Sie können dann jederzeit nachschlagen, wenn Sie bestimmte Resultate wiederholen möchten.

Die für den Schrühbrand vorgesehene Ware sollte völlig trocken und von anhaftenden Tonkrümeln gesäubert sein. Die Gefäße können im Ofen gestapelt werden; dabei ist aber auf die richtige Gewichtsverteilung zu achten.

### Segerkegel

Auch Segerkegel werden zur Anzeige der Temperatur im Brennofen verwendet. Das sind dreikantige, etwa 6,5 cm hohe, numerierte Kegel, die bei verschiedenen Temperaturen weich werden und umschmelzen. Der Segerkegel Nr. 06a schmilzt beispielsweise bei 980 °C um, der durchschnittlichen Temperatur für den Schrühbrand; die Kegel werden in einen Klumpen Schamottemasse gesteckt und so in den Ofen gestellt, daß sie durch das Schauloch sichtbar sind. Bei 980 °C wird der Kegel weich und sinkt um.

## So glasiert man richtig

Nach dem Schrühbrand werden die Gefäße mit Glasur überzogen und dann noch einmal gebrannt (Glasur- oder Glattbrand). Dieser findet im allgemeinen bei höheren Temperaturen als der Schrühbrand statt – bei Irdenware 1060–1150 °C (Kegel Nr. 02a–01a), bei Steinzeug 1250–1280 °C (Kegel Nr. 8–9). Glasur besteht aus einer glasähnlichen Mischung, die im Ofen schmilzt und einen glatten, gleichmäßigen, wasserdichten Überzug bildet. Es gibt viele verschiedene Glasurarten: glänzende und transparente, weiße, farbige, deckende, matte oder strukturierte.

### Ansetzen der Glasur

Die Zutaten entsprechend dem Rezept abwiegen und das Pulver in Wasser einrühren. Etwa eine Stunde stehenlassen und dann durch ein 80-Maschen-Sieb streichen, um Körner und Klümpchen zu entfernen. Die richtige Konsistenz ist für den Anfänger schwer zu beurteilen. Sie soll im allgemeinen sahneartig sein. Manche Glasuren müssen jedoch etwas dick- oder dünnflüssiger sein.

### Wachsabdeckung

Gefäße, die bei Irdenware-Temperaturen gebrannt wurden, können ringsherum glasiert und im Ofen auf spitze Tragstützen ge-

stellt werden, damit sie nicht an der Einsetzplatte festbacken. Steinzeuggefäße dürfen hingegen am Boden nicht glasiert sein, weil sie direkt auf der Platte stehen müssen.
Ebenso dürfen bei Deckelgefäßen die Auflageflächen von Deckel und Gefäß nicht glasiert sein. Man behilft sich in diesen Fällen durch Aufbringen von geschmolzenem Wachs, das im festen Zustand die Glasur abweist.

## Tauchen

Das Glasieren durch Tauchen geht am schnellsten und liefert die besten Resultate.

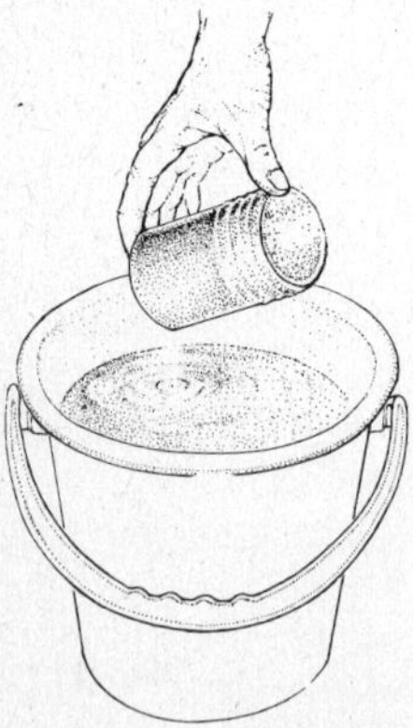

Der Behälter mit der Glasur muß so groß sein, daß die Gefäße ganz eingetaucht werden können. Ausreichende Menge Glasur ansetzen. Das Gefäß wie abgebildet halten. So können keine Luftblasen eingeschlossen werden, die zu unglasierten Flecken führen würden. Das Gefäß eintauchen, leicht drehen und 3–5 Sekunden in der Glasur lassen. Kippen, um die Glasur auszuschütten, und durch leichtes Schütteln anhaftende Tropfen entfernen. In der Hand halten, bis die Glasur nicht mehr glänzt.

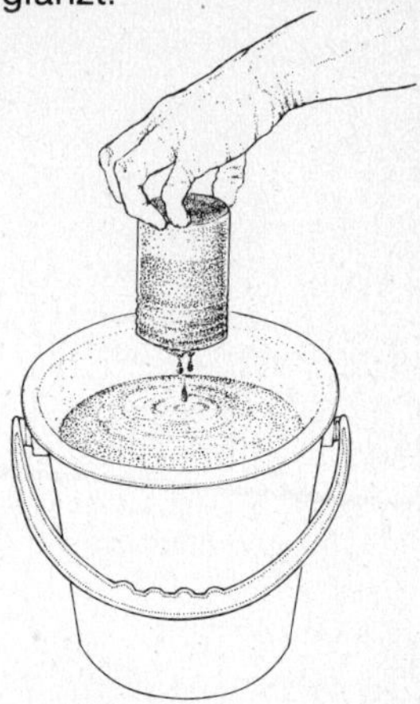

Um nur die Außenseite zu glasieren, das Gefäß genau senkrecht in die Glasur tauchen. Die eingeschlossene Luft verhindert das Eindringen der Glasur.

## Begießen

Große Gefäße lassen sich durch Begießen leichter glasieren. Erst zu einem Drittel mit Glasur vollgießen und durch Drehen beim Ausgießen die Innenseite ganz glasieren. Trocknen lassen und dann die Außenseite begießen. Möglichst rasch arbeiten, damit ein gleichmäßiger Überzug entsteht. Wo sich die beiden Schichten überlappen, wird die Glasur dicker. Dies kann zu dekorativen Zwecken ausgenutzt werden.
Die beste Art, die Außenseite zu

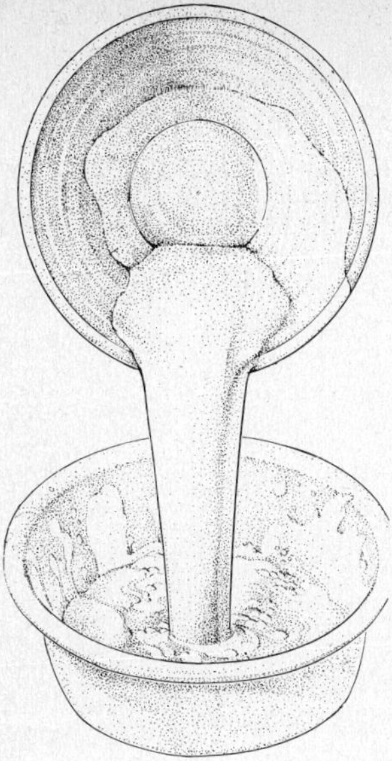

glasieren, hängt von der Gefäßgröße ab. Entweder man dreht es beim Begießen mit der Hand, oder man stellt es auf zwei Leisten über eine Schüssel, die auf der Ränderscheibe steht. Die Scheibe kann während des Begießens gedreht werden; der Überzug wird dadurch gleichmäßiger.

## Vorbereiten für den Brand

Die Gefäße trocknen lassen und dann für den Brand herrichten. Vom Boden sowie von Deckelrändern und Falzen Glasur mit einem feuchten Schwamm abwischen. Ebenso an der Außenseite bis 3 mm über dem Boden. So kann die Glasur nicht laufen und an der Platte im Ofen festbacken.

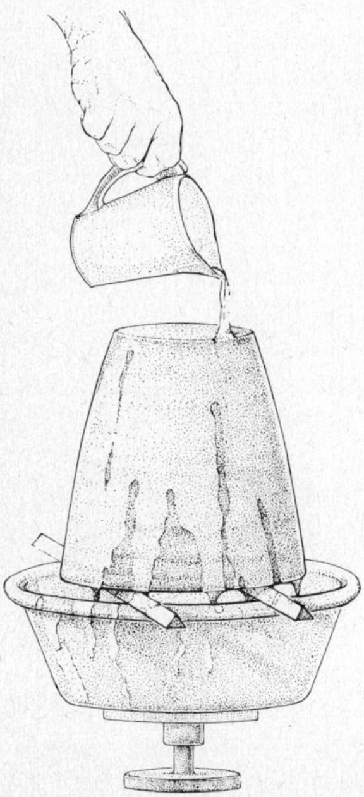

Als nächstes die unglasierten Flecken retuschieren, wo das Gefäß mit den Fingern gehalten wurde oder auf den Leisten gestanden hat. Die Glasur nicht auf-

pinseln, sondern auftropfen; so bekommt sie die richtige Stärke. Zum Schluß große Tropfen oder Laufspuren mit den Fingern verstreichen.
Die glasierten Gefäße nicht mehr anfassen, bis sie in den Ofen gesetzt werden, damit die Glasur nicht aus Versehen beschädigt wird.

## Einbrandverfahren

Die bisher geschilderten Verfahren gelten für Schrühware, also für gebrannte und deshalb stabile Gefäße. Manche Gefäße lassen sich jedoch auch als ungebrannte Rohware glasieren (Einbrandverfahren oder Rohglasur). Dadurch spart man Zeit, weil ein Brennvorgang wegfällt, aber manche Tone fallen zusammen, wenn sie im Rohzustand glasiert werden. Fast alle Tone können nur nacheinander innen und außen roh glasiert werden; vor dem Aufbringen des zweiten Überzugs muß der erste trocken sein. Rohglasuren müssen einen hohen Tonanteil haben (15–20%), um am Ton zu haften. Man probiert am besten zuerst einmal mit einem nicht zu kostbaren Stück.

*Die rechts abgebildeten Glasuren wurden durch Tauchen aufgebracht und bei 1260°C (Segerkegel Nr. 8) in einem Elektro-Ofen gebrannt. Dazu hier die Rezepte (die Zutaten sind als Prozent-Anteile aufgeführt):*

***1 Farblos transparent***

| | |
|---|---|
| *Kalifeldspat* | *42* |
| *Ball clay* | *20* |
| *Schlämmkreide* | *15* |
| *Flint* | *23* |

***2 Matt strukturiert***

| | |
|---|---|
| *Feldspat* | *40* |
| *Kaolin* | *15* |
| *Ball clay* | *20* |
| *Schlämmkreide* | *14* |
| *Flint* | *11* |

***3 Grünblau***

| | |
|---|---|
| *Feldspat* | *53* |
| *Bariumkarbonat* | *21* |
| *Kaolin* | *10* |
| *Flint* | *6* |
| *Schlämmkreide* | *10* |
| *Kupferkarbonat* | *1,5* |

***4 Schwarzbraun (temmoku)***

| | |
|---|---|
| *Cornish stone* | *56* |
| *Schlämmkreide* | *14* |
| *Kaolin* | *6* |
| *Ball clay* | *4* |
| *Flint* | *20* |
| *Rotes Eisenoxid* | *9* |

***5 Glatt weiß***

| | |
|---|---|
| *Feldspat* | *62* |
| *Dolomit* | *20* |
| *Kaolin* | *18* |

*Die Farben all dieser Glasuren lassen sich durch Zusatz von Metalloxiden verändern.*

1
2
3
4
5

# Glasuren

Glasur kann auf verschiedene Weise auf geschrühte Ware aufgebracht werden, wobei jede Methode ihre Vorzüge hat, aber stets ist beabsichtigt, die Ware mit einer gleichmäßigen, etwa 2 mm starken Glasurschicht zu überziehen. Die Glasur kann mit dem Pinsel aufgetragen werden, wenn sie vorher mit einer Gummiarabikum-Lösung versetzt wird, die sie zu einer nichtpulverigen Oberfläche auftrocknen läßt. Diese Methode wird vor allem angewandt, wenn nur eine kleine Glasurmenge zur Verfügung steht. Für das Spritzglasieren braucht man komplizierte und kostspielige Geräte. Die einfachsten und praktischsten Glasierverfahren sind das Tauchen und das Begießen.

**Welche Glasuren gibt es?**

Glasuren kann man entweder gebrauchsfertig kaufen oder selbst nach erprobten Rezepten zubereiten. Der erfahrene Töpfer kann aufgrund seiner Kenntnis der Zutaten eigene Rezepte zusammenstellen.

Alle gebrauchsfertig gemischten Glasuren müssen nach Vorschrift angesetzt und gebrannt werden; sie werden meist in Pulverform geliefert, in Wasser aufgelöst und durch ein Sieb getrieben.

Für Steinzeug und Irdenware gibt es eine Vielfalt farbiger und strukturierter Glasuren, mit denen der Anfänger seine ersten Versuche anstellen kann.

Das Zubereiten von Glasuren nach Rezept erlaubt Ihnen, durch Veränderung der Zusammensetzung verschiedene Effekte zu erzielen. Beispielsweise kann man eine Glasur dadurch matter machen, indem man den Kaolinanteil erhöht.

Auf der Seite 109 finden sich fünf Steinzeugglasuren, die alle je nach der gewünschten Wirkung verändert werden können. Alle Zutaten zur Herstellung dieser Glasuren kann man im Fachhandel beziehen, wo man meist auch kostenlose Broschüren mit Angaben über das Verhalten der einzelnen Substanzen bekommt.

**Zubereiten der Glasur**

Die Zutaten sorgfältig abwiegen und in Wasser einstreuen, wodurch die Klumpenbildung eingeschränkt wird. Die Mischung durchrühren und zweimal durch ein Sieb (Gewebe Nr. 80) treiben. Falls die Glasur zu dünn ist, läßt man sie stehen und gießt später etwas von dem Wasser ab. Glasur muß stets sahneartige Konsistenz haben.

Man kann für den Anfang Rezepte für Irdenware-Glasuren ausprobieren, bei denen ein Borax oder eine Alkali-Fritte im Verhältnis 80:20 mit Kaolin oder rotem

Ton gemischt wird; aus diesen einfachen Mischungen lassen sich brauchbare Glasuren entwickeln. Die Glasuren immer erst auf senkrechten Fliesen testen, bevor sie verwendet werden.

### Glasuren selbst herstellen

Die Selbstherstellung ist wahrscheinlich die interessanteste, aber auch die schwierigste Art der Glasurzubereitung. Probieren Sie zunächst jede Zutat für sich aus, indem Sie sie in Wasser einweichen und ein Stück Ton damit bestreichen, um festzustellen, wie sie sich beim Brand verhält. Mischen Sie aufgrund der Ergebnisse zwei oder drei Substanzen zusammen, und notieren Sie sorgfältig die Anteile, um eventuelle Änderungen vornehmen zu können. Für erste Versuche eignen sich besonders Feldspat, Schlämmkreide, Kaolin, Flint und Dolomit.

### Vorsicht Gift!

Die meisten in der Töpferei verwendeten Substanzen sind giftig, wenn man sie einnimmt oder die Dämpfe einatmet. Durch einfache Vorsichtsmaßregeln läßt sich jedoch jede Gefährdung vermeiden. Wischen Sie stets mit feuchtem Lappen Staub auf, essen und rauchen Sie nicht bei der Töpferarbeit, und halten Sie beim Zubereiten und Brennen von Glasuren genau die Vorschriften ein. Verwenden Sie keine Bleiglasuren, die nach dem Brennen giftig sein können.

## Keramik dekorieren

Der Dekor kann auf die Schrühware aufgemalt oder aufgespritzt werden; anschließend wird das Gefäß glasiert. Das bezeichnet man als Unterglasurmalerei. Wird dagegen auf die ungebrannte Glasur gemalt, spricht man von Majolika- oder Fayencemalerei; sie wird traditionsgemäß auf dekkender weißer Zinnglasur angelegt und ist vor allem in den Mittelmeerländern auch heute noch sehr verbreitet. Grundsätzlich kann man sagen, daß ein Dekor auf einfacher Glasur besser zur Geltung kommt als auf farbiger oder strukturierter.

### Mischen der Farben

Metalloxide liefern kräftigere Farben als Unterglasurfarben; deshalb braucht man weniger davon. Reiben Sie die Farben mit Wasser und ein wenig Glasur mittels eines Palettmessers auf einem alten Teller oder einer Glasplatte an.

Zerreiben Sie das Farbpulver so fein wie möglich. Dadurch vermeiden Sie, daß der fertige Dekor eine körnige und fleckige Oberfläche bekommt.

### Auftragen des Dekors

Das Bemalen einer saugfähigen Oberfläche wie der von geschrühter Töpferware oder einer ungebrannten Glasur erfordert eine ruhige, zügige Pinselfüh-

rung, weil nach dem Brennen meist jeder Pinselstrich zu erkennen ist. Man kann die Umrisse mit weichem Bleistift vorzeichnen, doch geht dadurch oft die Spontaneität der Linienführung verloren.
Unter der Glasur angelegte Dekore werden weicher als solche, die auf die Glasur gemalt werden. Man kann die Farben auch mit einer Fixativspritze aufsprühen. Als Zeichenhilfe können einfache Papierschablonen dienen. Eine Ränderscheibe erleichtert das Bemalen der Gefäße.

## Glasurbrand

Der zweite Brand (Glasur- oder Glattbrand) ist etwas komplizierter als der Schrühbrand. Die Gefäße müssen so in den Ofen gesetzt werden, daß sie sich auf keinen Fall berühren, trotzdem muß

***Materialien***
*Als Farbstoffe kann man Metalloxide kaufen; die beliebtesten Töne sind Kupfergrün, Kobaltblau, Eisenbraun und Manganviolett. Sie lassen sich zur Herstellung von Zwischentönen mischen. Fertige Unterglasurfarben, von denen die meisten untereinander mischbar sind, gibt es in einer breiten Palette zu kaufen. Pinsel sind teuer und sollten nach Gebrauch jedesmal sorgfältig ausgewaschen werden. Vorzüglich sind japanische Pinsel mit langen Haaren sowie spezielle Unterglasurpinsel.*

***Dekorierte Studio-Töpferwaren***
*Bei der Teekanne aus roter Irdenware wurde der Scherben mit Wachslösung bemalt und dann in Zinnglasur getaucht. Einen geritzten farbigen Dekor weist die in Preßformtechnik hergestellte Irdenware-Schale mit Hintergrund auf. Die verdünnten Farben wirken besonders natürlich. Die Schale rechts wurde mit einem Aufglasurdekor auf weißer Zinnglasur versehen und bei 1100° C gebrannt. Die facettierte Schale wurde in einem Steinzeugofen reduzierend gebrannt; sie hat einen orangefarbenen Dekor. Besonders schön ist der Kontrast zwischen der dunkelbraunen Innenseite und der hellen Farben auf der Außenseite.*

aber der vorhandene Raum ausgenutzt werden. Während des Brandes schmilzt die Glasur und verteilt sich gleichmäßig über die Gefäßoberfläche. Der Erfolg hängt von der richtigen Temperatur ab. Ist sie zu hoch, treibt die Glasur Blasen und läuft, ist sie zu niedrig, wird die Glasur rauh.

## Beschicken des Ofens

Zuerst die Gefäße der Größe nach sortieren, gleichgroße Stücke können auf derselben Platte gebrannt werden. Jedes Gefäß auf Beschädigungen und Unreinheiten prüfen. Deckel innen mit einer Mischung aus 80 Teilen Tonerde und 20 Teilen Kaolin einstreichen, damit sie nicht am Falz festbacken.

Die Platten sollen sauber und frei von Glasurresten sein. Gegebenenfalls mit Karborundum säubern. Damit die Gefäße nicht festbrennen, die Platten mit einer dünnen Plempe (80% Tonerde, 20% Kaolin) überwaschen.

Erst die Brennstützen in den Ofen einsetzen (drei Stück pro Platte), dann die Gefäße. Irdenware auf Tragstützen stellen.

Die nächsthöhere Platte sollte gut 5 mm über den Gefäßen sein. Die Stützen für die Platten genau übereinander stellen.

Zum Schluß drei Segerkegel vor das Schauloch stellen: einen für die richtige Temperatur und je einen für die nächsthöhere und -niedrigere. Wenn der mittlere Kegel umsinkt, ist die richtige Temperatur erreicht.

Nach dem Glasurbrand den Boden jedes Gefäßes mit einem Karborundumstein abreiben. Das ist besonders bei Irdenware wichtig, weil die Tragstützen oft scharfe Glasurspitzen hinterlassen. Nie mit den Fingern über den Boden eines Gefäßes fahren, wenn er noch nicht abgeschliffen ist.

## Das Brennen

Den Ofen die ersten zwei Stunden mit niedriger Einstellung anheizen, dann das Dampfloch verschließen. Die nächsten zwei Stunden bei mittlerer Einstellung weiterheizen und nun auf die höchste Einstellung übergehen. Wenn die richtige Temperatur erreicht ist, den Ofen abschalten und warten, bis er sich auf 100 °C abgekühlt hat. Dann die Tür öffnen und die Ware herausnehmen.

Das Abkühlen darf auf keinen Fall beschleunigt werden. Dadurch würden Risse in den Gefäßen auftreten, und der Ofen könnte beschädigt werden. Widerstehen Sie also der Versuchung, die gebrannten Gefäße vorzeitig zu betrachten.

*Ein Brennofen nach dem Glasurbrand. Ein Elektroofen braucht 10–12 Stunden zum Aufheizen und 24 Stunden zum Abkühlen. Die Platten werden von breiten Stützen getragen.*

# Improvisierte Brennöfen

Auf dieser Doppelseite werden drei einfache Verfahren zum Brennen von Tongefäßen im eigenen Garten oder Hinterhof beschrieben. Man braucht dazu nur wenig Material; das wichtigste ist der Brennstoff (Holz oder Sägemehl). Es handelt sich hier um primitive Brenneinrichtungen, bei denen die Gefäße nicht vor dem Feuer geschützt sind. Das bedeutet, daß nur etwa 800 °C erreicht werden und keine Glasuren verwendet werden können; die Gefäße weisen nach dem Brand Spuren von der Feuereinwirkung auf.

**Was zu beachten ist**

Mit solchen primitiven Brenneinrichtungen kann man nur kleine Gefäße mit relativ dünnen Wandungen brennen. Gefäße mit dikkeren Wandungen platzen wahrscheinlich infolge des raschen Temperaturanstiegs. Die Gefäße erst einsetzen, wenn sie knochentrocken sind. Um sicherzugehen, kann man sie vorher noch eine Stunde in einen beheizten Backofen stellen.

Die Gefäße aus Ton mit hohem Sand- und Schamottezusatz formen, weil solcher „magerer" Ton den plötzlichen Temperaturanstieg besser verträgt. Diese erste Brennphase entscheidet darüber, ob das Gefäß platzt oder nicht.

**Das offene Feuer**

Brennen Sie an einem möglichst windstillen Tag, weil starker Wind das Feuer zu sehr anfachen würde. In Nigeria ist das Abwarten eines günstigen Tages Voraussetzung für den Erfolg, obwohl die

**Brennen in offenem Feuer**

**Eine Brenngrube**

**Ein Sägemehl-Ofen**

dortigen Töpfer sehr viel Erfahrung haben.
Die warmen Gefäße so auf trokkenes Brennholz stellen, daß von unten noch Luft an die Scheite kommt. Um und über die Gefäße trockenes Reisig schichten. Obenauf etwas dickeres Holz legen, aber so, daß es nicht herabfallen und die Gefäße zerstören kann. Aus Sicherheitsgründen die Feuerstelle mit Ziegeln umlegen.
Das Holz anzünden und so lange nachlegen, bis die Gefäße in einem hohen Haufen heißer Asche stehen; sie sind dann fertig gebrannt. Die Asche langsam abkühlen lassen; dazu kann man sie mit Wellblech oder Rasenschollen zudecken.

### Brennen in einer Grube

Diese Methode wird von den Indianern Nordamerikas angewandt. Graben Sie ein etwa 50 cm tiefes Loch in die Erde und stellen Sie die Gefäße hinein. Sie können die Grube auch mit Ziegelsteinen auskleiden.
Legen Sie Eisenstäbe über das Loch und machen Sie darauf ein Holzfeuer. Wenn das Feuer brennt, fällt nach und nach heiße Asche in die Grube und umgibt die Gefäße. Wenn Sie ganz in der Asche stehen, sind sie fertig gebrannt. Dazu muß man allerdings ziemlich viel Holz verbrennen.

### Sägemehl-Ofen

Dazu eignet sich fast jeder Metallbehälter, von einer viereckigen großen Blechbüchse bis hin zu einer seitlich mit Luftlöchern versehenen Mülltonne. Man kann auch Ziegelsteine zu einer runden Kammer aufschichten.
Streuen Sie eine Schicht Sägemehl auf den Boden, stellen Sie die Gefäße hinein, und füllen Sie die Kammer bis oben hin mit Sägemehl aus. Die Gefäße nicht zu eng stellen, sonst werden sie nicht heiß genug. Zünden Sie das Sägemehl oben an. Das Feuer frißt sich allmählich bis zum Boden durch und brennt dabei die Gefäße.

# Glossar

**Abdrehen:** Abschließende Bearbeitung eines geformten Tongefäßes auf der rotierenden Töpferscheibe mit einem Abdreheisen. Geschieht am besten im lederharten Zustand und hat den Zweck, die Ware zu glätten, die Wände dünner zu machen usw.

**Aufbaukeramik:** Herstellung von Tonwaren in Platten-, Steg- oder Wulsttechnik im Gegensatz zum Drehen auf der Töpferscheibe.

**Aufglasurmalerei:** Dekor, der mit Aufglasurfarben auf eine fertig gebrannte Glasur aufgemalt und anschließend eingebrannt wird.

**Ball clay:** Engliche Bezeichnung für einen gut plastischen feinkörnigen Ton, der oft mit weniger plastischen Tonen gemischt wird.

**Brennofen:** Spezialofen zum Brennen von Keramik.

**Delfter Fayencen:** Nach der holländischen Stadt Delft benannte zinnglasierte Irdenware.

**Drehen:** Formen von Tongefäßen auf der Töpferscheibe.

**Einbrandverfahren:** Brennen von Töpferware, die im ungebrannten Zustand glasiert wurde.

**Engobe:** Siehe Schlicker.

**Fayence:** Irdenware mit weißdekkender Zinnglasur und bunter Malerei. Wird auch als Majolika bezeichnet.

**Flußmittel:** Chemische Substanz, z. B. Fritte, Feldspat, Blei oder Borax, die mit Kieselsäure und Tonerde zu Glas oder Glasur verschmilzt.

**Fritte:** Glasschmelze, in der giftige Glasurbestandteile eingeschmolzen werden, wodurch sie ungiftig werden. Fein gemahlene Fritte dient als Flußmittel für Glasuren.

**Garnieren:** Zusammenfügen einzelner geformter Tonteile, z. B. Ansetzen von Henkeln, Tüllen usw. an Gefäße. Als „Klebstoff" dient Schlicker.

**Glasur:** Glasartiger Überzug aus speziellen Glassorten, der auf Tonwaren aufgetragen und gebrannt wird und sie verschönert und wasserdicht macht.

**Glasurbrand (Glattbrand):** Das Brennen glasierter Ware zum Glattschmelzen der Glasur.

**Haarrisse (Craquelé):** Feine Risse in der Glasur, die beim Abkühlen nach dem Brand dadurch entstehen, daß sich die Glasur stärker zusammenzieht als der Scherben. Craquelé wird oft als Dekor absichtlich erzeugt.

**Irdenware:** Glasierte Töpferware, die bei etwa 1000–1100 °C gebrannt wird und deren Scherben farbig brennt, mehr oder weniger porös bleibt, nur wenig verglast und wenig widerstandsfähig gegen Absplittern ist.

**Kalzinieren:** Keramischen Rohstoff zum Austreiben von chemisch gebundenem Wasser Kohlendioxid usw. erhitzen.

**Kaolin:** Sehr reiner, wenig plastischer Ton, der fast weiß brennt und hauptsächlich zur Porzellanherstellung verwendet wird.

**Kapsel:** Behälter aus feuerfestem Ton, in dem Keramik gebrannt wird, die nicht mit offenem Feuer in Berührung kommen darf.

**Keramik:** Bezeichnung für die Herstellung von Tonwaren und Sammelbegriff für Tonwaren. Man unterscheidet Grobkeramik (Ziegelwaren, Klinkersteine, sanitäres Geschirr usw.) und Feinkeramik (Gefäße, Geschirr, figürliche Arbeiten usw.). Die Feinkeramik läßt sich unterteilen in Irdenware (Töpferware, Fayencen, Steingut) und Sinterware (Steinzeug und Porzellan).

**Kneten:** Aufbereiten des Tons mit den Händen, um ihn zu homogenisieren und luftfrei zu machen.

**Lederhart:** Zustand von Tonwaren, die nicht mehr feucht und noch nicht hart sind. Lederharte Töpferwaren lassen sich nicht mehr formen, aber noch mit dem Fingernagel eindrücken.

**Magerungsmittel:** Fein gemahlene, unplastische Rohstoffe wie Sand oder Schamotte, die fettem Ton zugesetzt werden, um dessen Schwindung zu verringern. Magerer Ton ist weniger plastisch als fetter.

**Masse:** Jedes Gemenge, z. B. Ton mit Zusatz von Magerungsmitteln, Wasser und Chemikalien, aus dem Töpferwaren gedreht, geformt, gepreßt oder gegossen werden.

**Oxidierendes Brennen:** Brennen mit ausreichender Sauerstoffzufuhr.

**Plattenverfahren:** Aufbaukeramik mit dünnen Tonplatten.

**Plastizität:** Die Bildsamkeit des Tons, d. h. seine Eigenschaft, sich verformen zu lassen, ohne zu reißen oder zu brechen.

**Porzellan:** Keramik mit gesintertem (dichtem), weißem, durchscheinendem Scherben. Hauptbestandteile der Masse sind Kaolin, Quarz und Feldspat.

**Porös:** Wasserdurchlässig. Bei Irdenware ist der Scherben im Gegensatz zur Sinterware porös.

**Pyrometer:** Meßgerät für Brenntemperaturen.

**Ränderscheibe:** Drehbare, auf den Tisch zu stellende Scheibe, auf die man ein Gefäß stellt, um es beim Modellieren oder Bemalen leichter drehen zu können.

**Reduzierendes Brennen:** Brennen mit verringerter Sauerstoffzufuhr.

**Rohware:** Ungebrannte Töpferware.

**Salzglasur:** Für Steinzeug verwendetes Glasurverfahren, bei dem Kochsalz in den heißen Brennofen geworfen wird, wo es verdampft und sich mit der Oberfläche der Ware zu einer Glasur verbindet.

**Schamotte(mehl):** Gebrannter und anschließend fein zerkleinerter, feuerfester Ton, der als Magerungsmittel verwendet wird.

**Scherben:** Wandung gebrannter keramischer Gefäße.

**Schlagen:** Verfahren zur Homogenisierung und Entlüftung des Tons. Der Tonklumpen wird mehrmals in zwei Hälften zerschnitten, von denen die eine mit Wucht auf die andere geschlagen wird.

**Schlicker:** Dünnflüssiger, mit viel Wasser angemachter Tonbrei, der zum Garnieren und Dekorieren dient. Farbiger Schlicker wird auch als Engobe bezeichnet.

**Schlickermalerei (Engobemalerei):** Dekorationsverfahren, bei dem mit einem Malbällchen (Malhorn) oder einem Pinsel Schlikker auf den Scherben aufgetragen wird.

**Schrühbrand (Rohbrand):** Erster Brennvorgang, bei dem die unglasierte Tonware hart gebrannt wird.

**Schrühware:** Töpferware, die im Schrühbrand hart gebrannt wurde und unaufweichbar, aber noch porös ist.

**Schwindung:** Größenabnahme von Tonwaren beim Trocknen und Brennen.

**Segerkegel:** Numerierte dreikantige Kegel, die als Temperatur-Meßhilfen in den Brennofen gestellt werden. Wenn die Nenntemperatur eines bestimmten Kegels erreicht ist, sinkt er um.

**Sinterung:** Dichtwerden einer keramischen Masse bei hohen Brenntemperaturen.

**Steingut:** Tonwaren mit weißem, aber porösem Scherben.

**Steinzeug:** Dicht gesinterte Tonwaren mit grauem bis fast weißem Scherben.

**Töpferscheibe:** Elektrisch oder über ein Schwungrad mit dem Fuß angetriebene rotierende Scheibe, auf der Tongefäße „gedreht" werden. Die Scheibe, auf der das Gefäß steht, wird auch als „Scheibenkopf" bezeichnet.

**Unterglasurmalerei:** Dekorverfahren, bei dem die Farben auf den trockenen oder geschrühten Scherben aufgetragen und anschließend mit transparenter Glasur überzogen werden.

**Unterlegplatte:** Dünne Platte aus Sperrholz oder Hartfasermaterial als Unterlage für größere Gefäße, die auf der Töpferscheibe gedreht werden.

**Wulsttechnik:** Aufbau von Tongefäßen aus ring- oder spiralförmig gelegten Tonwülsten.

**Zinnglasur:** Opake (deckende) weiße Glasur, die vor allem für Fayencen (Majolika) verwendet wird.

# Literaturhinweis

**Bilke, W.:** Handbuch der Keramik, Freiburg 1966
**Fieldhouse, Murray:** Kleines Handbuch der Töpferei, Bonn 1972
**Geiger, Bruno:** Keramisches Gestalten, Bern 1969
**Haslam, Malcolm:** Keramik: Töpferkunst durch die Jahrhunderte, München 1975
**Hempel, Rose und Fontain, Jan:** Propyläen-Kunstgeschichte Bd. 17, Berlin 1968
**Heuschkel, Hermann:** Keramische Werkstoffe, Leipzig 1975
**Hils, Karl:** Formen mit Ton, Basel 1951
**Holfsted, Jolyon:** Töpfern Schritt für Schritt, Bonn 1975
Keramik, München 1975 (Südwest-Verlag)
**Klein, Adalbert:** Keramik aus 5000 Jahren, Düsseldorf 1969
**Leach, Bernard:** Das Töpferbuch, Bonn 1971
**Leach, Bernard:** A Potter in Japan, London 1960
**Parr, Sarah:** Töpfern, Ravensburg 1978
**Radczewski:** Die Rohstoffe der Keramik, Berlin-Heidelberg 1968
**Röttger, Ernst:** Keramik, Ravensburg 1966
**Rübsam, Ernst-Hermann:** Keramische Gefäße – gegossen, Stuttgart 1970
**Salmang und Scholze:** Die physikalischen und chemischen Grundlagen der Keramik, Berlin-Heidelberg 1968
**Trevor, Henry:** Töpferkurs, Bonn 1974

# Bezugsquellen

**Ton**
Dr. Ludwig Greger
Schwanthaler Straße 92
8000 München 15

**Ton, Tonmassen, Glasuren, Farben**
Carl Jäger KG
Postfach 45
541 Höhr/Grenzhausen

**Tonmassen, Glasuren, Hilfsmittel**
Gerstäcker Verlag
Postfach 349
5208 Eitorf/Sieg

**Glasuren der Fa. Siegle & Co., Stuttgart**
Ing. Achtnicht
Postfach 345
859 Marktredwitz

**Keramische Massen, Hilfsmittel, Glasuren**
Egeling
Am Markt 17
643 Bad Hersfeld

**Brennöfen**
Conrad Naber
2804 Lilienthal

**Keramische Rohstoffe**
Hubert Gerharz jr. KG
Postfach 61
5412 Ransbach-Baumbach 1

**Glasurrohstoffe, Ton- und Schamottemehl, Siebe**
Fa. Hans Wolbring
Postfach 20
5410 Höhr/Grenzhausen

**Öfen, Töpferscheiben, Engoben, Glasuren, Farbkörper, Modellierwerkzeuge**
Epam-Hobby-Geräte
Hollestraße 11
4600 Dortmund

Esslinger & Abt GmbH & Co.
Postfach 160
7958 Laupheim

**Schamotte-Steine, -Platten und Bruch**
Fa. Blaschek
6116 Eppertshausen

**Töpfereibedarf, Keramik**
Stefan Kahlen
Bergdriesch 2a
5100 Aachen

# Bildnachweis

**Fotos**

Art and Antiques Weekly S. 25, 35, 83
Benteli Verlag, Bern S. 33
British Ceramic Research Association S. 22
British Museum S. 17, 24 oben
Peter Clayton S. 6
Peter Dick S. 9, 21
Fitzwilliam Museum, Cambridge S. 37
Paul Forester S. 11 unten, 61, 69, 80, 81, 101, 109, 113
John Freeman S. 27
Michael Holford S. 24 unten, 38
Peter Kinner S. 43
Kunsthistorisches Museum, Wien S. 32
London Borough of Ealing S. 43
Mary Evans Picture Library S. 37
McQuitty International Collection S. 15
J. Mellaart S. 11 oben
Britt-Ingrid Persson S. 44
Dudley Reed S. 50–53, 55, 58, 62, 65–68, 70, 83 oben, 85, 86, 102, 115
Rien Bazen S. 45
Royal Copenhagen Porcelain Co. Ltd. S. 42
Sotheby, Parke, Bernet & Co S. 5
Tokyo Art Gallery S. 30
Victoria & Albert Museum crown copyright S. 17, 26, 29, 40
Josiah Wedgwood & Sons Ltd. S. 40
Zefa S. 5

**Modelle**

S. 11 Deidre Burnett, David Leach, Peter Stoodley
S. 61 Joan Hepworth, Hoon Ai Ooi, Colin Kellan, Allan Wallwork
S. 69 Ladi Kwali
S. 113 Aldermaston Pottery, Andrew Holden, John Maltby

**Zeichnungen**

Mike Gorman
Ilric Shetland
QED

**Die neue Generation Brennöfen für den Hobby-Werker**

NABER Industrieofenbau

NABER-Industrieofenbau D-2804 Lilienthal Postf. 1120 ☎ 04298-1011

**John Seymour** – Autor der Besteller »Leben auf dem Lande« und »Selbstversorgung aus dem Garten« – erläutert in seinem neuesten Buch seine Philosophie der Selbstversorgung.
Ein Buch, geschrieben für alle Praktiker der Selbstversorgung, die mehr über das Warum und Wozu erfahren wollen.

Ravensburger Freizeit-Taschenbuch Band 76

**Otto Maier Verlag Ravensburg**

# Kunsthandwerk

Band 124
Der Anfänger wie der Fortgeschrittene erfährt in diesem Buch alles Wichtige über Batiken: Entstehung und Geschichte – Material – Technik – Anwendung – Pflege.

Band 128
Handbuch für den Hobbytöpfer. Die über 400 Glasur-Rezepte sind nach Brenntemperaturen und Verwendungszweck geordnet. Das Mischen, Einfärben, Auftragen sowie mögliche Fehlerquellen werden erklärt.

Band 137
Eine vollständige Einführung in das alte Handwerk der Porzellanmalerei. Neben der Beschreibung des Arbeitsplatzes und der Malutensilien erhalten Sie viele Anregungen für die Dekorgestaltung.

Band 157
Hier wird Ihnen Schritt für Schritt gezeigt, wie sie anhand überlieferter oder eigener Entwürfe Schränke, Teller oder andere Gegenstände durch Bauernmalerei verschönern können.

**Ravensburger Freizeit-Taschenbücher**

## Praktische Bücher für den Selbstversorger

Werner Schäfer
Band 48: **Brot backen**
Viele Rezepte und manche Kniffe, um schmackhaftes Brot selbst zu backen

Dave Laing/John Hendra
Band 49: **Bier brauen**
Selbst brauen mit genauen Anleitungen und Originalrezepten aus England

Christian Glynn
Band 50: **Käse machen**
Selbst schmackhaften Käse bereiten mit Hilfe der Rezepte und Tips eines Selbstversorgers

Keith Wicks
Band 51: **Wein keltern**
Viele Rezepte und eine sorgfältige Anleitung helfen dem Hobby-Winzer

**Ravensburger Freizeit-Taschenbücher**